VIRGINIA WOOLF

GROTE ONTMOETINGEN
Literaire Monografieën

UITGEVERIJ B. GOTTMER, NIJMEGEN
UITGEVERIJ ORION, BRUGGE

FRANS GRILLET

VIRGINIA WOOLF

UITGEVERIJ B. GOTTMER, NIJMEGEN

UITGEVERIJ ORION, BRUGGE

ISBN   90 264 3342 5

WOORD VOORAF

Het verhaal is eenvoudig. Op een mooie Septembermorgen, terwijl de kraaien feestvieren in de kruinen van de bomen, ontdekt een mot de levensvreugde. Fladderend in het vensterkozijn geniet zij van het licht en het leven dat door het raam uit het landschap van de Downs op haar neervalt.

Virginia volgt haar dartel spel tot het diertje vermoeid zich neervlijt op het raamkozijn. En wijl de middagrust mens en dier verkwikt, strijdt de mot haar laatste strijd. Virginia zoekt de vijand...; ,,O Yes, he seemed to say, death is stronger than I am.''.

(The Death of the Moth. 1942.)

Het is een vertrouwd beeld : Virginia in haar zetel aan het venster; haar handen in haar schoot; voor haar op de schrijftafel een schrift : haar dagboek of het manuscript van een verhaal. Haar dromerige blik dwaalt over het Engels landschap. Haar donkere ogen liggen diep in haar fijn geciseleerd gezicht. De tijd lijkt stil te staan, de jachtige wereld lijkt mijlen ver. Geen mens die haar dromen storen kan. Wat leeft er in haar? Welke vloed van gedachten stroomt door haar geest? Of is het dat klein hybridisch diertje ,,that tiny bead of pure life'', zo broos en klein dat in het enge raam het brede leven van de Downs met volle teugen drinkt? Zo groot is zijn overgave aan het leven dat het zijn beperktheid niet eens merkt. De uitdaging is pathetisch, de strijd ongelijk, ,,the doom... oncoming.'' Wie beter dan zij kende dit hopeloos lot? Vanaf haar eerste roman ontmaskerde zij reeds het ambigue en paradoxale karakter van de dood : enerzijds als overwinning, anderzijds als nederlaag. In de dood wint men aan macht, zuiverheid en eenheid, maar toch redt hij de mens niet, maar vernietigt hem. Hij slaat toe op de meest vitalistische momenten van het leven. Reeds in ,,The Voyage Out'' klinkt de klacht : ,,...the delicate flesh of men and women, which

5

breaks so easily and lets the life escape''. In die jaren (1913-15) had zij zelf reeds de strijd met de duisternis aangebonden. Maanden had zij geleefd tussen licht en duister. Haar ziekte bestreed zij steeds met haar androgeen karakter : mannelijk vitalisme en vrouwelijke intuïtie. Als de mot die tussen nacht en dag, tussen vreugde en leed, zijn eigen beperktheid en de enorme kracht van de natuur ,,did... what he could do'', zo zal bij Virginia steeds geloof volgen op wanhoop, diepe depressies plaats maken voor de vreugde in het leven, en de dood als monster en verlossing optreden. En niettegenstaande de dood haar vervolgde in de schimmen van vader, moeder, Thoby, Lytton Strachey en Roger Fry bleef zij geloven in dat kleine leven, dat vergeleken met de natuur onbenullig en beperkt was. zij wist dat zij geen kans had tegen de dood, daardoor was haar strijd ,,superb'' als die van de mot, en het lijkt wel afgunst te zijn wanneer zij naar het dode diertje kijkt en mijmert : ,,the little creature now knew death''. Voor hem is het raadsel ontcijferd : de dood is even vreemd als het leven.

Voor dit dilemma stond Virginia Woolf en vele personages uit haar werk. De keuze was moeilijk; haar werk en leven dragen de stempel van dit tweeslachtige dat zij niet als tegenstelling maar eerder als aanvulling of vervollediging van het mens zijn aanvoelde. Zoals de golf in de zee haar eigen wezen verliest en toch bijdraagt tot de kracht van de zee, voelt zij haar dood als een vereniging met de geest van allen, die zij in het leven zelf niet kon doorgronden.

Dit betekent geen afstand doen van het leven. Integendeel geen werk heeft zo de natuur en mens benaderd als dit van Virginia, niet in de eerste plaats om de mens en de natuur zelf, maar om het geheim van leven en dood reeds hier in dit leven te ontraadselen. Een opgave die zij tot aan haar dood heeft volgehouden. Deze lange zoektocht heeft ons geleid in het onderbewustzijn van de mens waar leven en dood elkaar raken en ons de mooiste lyrische bladzijden geschonken van de twintigste eeuw.

6

VIRGINIA WOOLF, BIOGRAFIE

Toen Virginia Stephen op 25 januari 1882 te Londen geboren werd, stond het Victoriaanse tijdperk in zijn zenit. Koningin Victoria was tot keizerin van Indië gekroond en haar imperium strekte zich uit over de ganse wereld. Engeland bleef buiten de vele Europese revoluties en profiteerde van haar afzondering en vrede om een machtig economisch stelsel uit te bouwen. Gesteund op een diep filosofisch liberalisme kenden politiek en kunst een laat-romantische bloei en het empirisme van Locke en Hume verlichtte nog steeds de nuchtere intellectueel. het burgerlijk fatsoen eiste de voorgeschreven etiquette en het onderscheid tussen de klassen vertoonde een steeds maar diepere kloof. De Engelse maatschappij stagneerde sinds het begin van de 19de eeuw en hof noch regering deden een inspanning om daar ook maar iets aan te veranderen. Zo kon Engeland de sociale revolutie die op het vasteland steeds meer vaste voet kreeg, nog een paar decennia uitstellen en haar imago van liberale staat veilig stellen.

Wat zich in de maatschappij afspeelde weerspiegelde zich in het familiale leven. Het gezin bleef het heilige der heiligen. Aan de eerbaarheid van het gezin mocht niet getornd worden en fatsoen en deftigheid vertegenwoordigden grotere waarden dan waarheid en eerlijkheid. Deze burgerlijke fatsoensmoraal werd door de pater familias Leslie Stephen (1832-1904) zorgvuldig nageleefd. Zijn studies te Cambridge en vooral zijn fellowship aan deze universiteit hadden hem getekend met een diep geloof en harde moraal. Enkele jaren later wierp hij het eerste af maar de zedelijkheid bleef hem des te meer vervolgen. Jaren na zijn uittreden bekende hij nog de diepe sporen die zijn opleiding en roeping in hem gegraven hadden, niettegenstaande zijn atheïsme. Zo liet zijn vrijzinnigheid toe zijn ganse bibliotheek open te stellen voor zijn zonen en dochters en op intellectueel gebied geen enkele restrictie of censuur in te stellen. Daarentegen verbood hij met een patriarchale gestrengheid elke vorm van onbetamelijkheid zoals het roken van een sigaret of het gebruiken van een schunnig woord. Zijn eigen gedrag was daarbij een sprekend voorbeeld : open en vrij in zijn filosofische beoordelingen en beschouwingen, leidde hij een non-conformistisch, ascetisch teruggetrokken leven ver weg van het luidruchtige stadsleven. In alle stilte werd hij na de dood van zijn eerste vrouw Minny Thackeray (1875) een ,,misanthrope inoffensif'', en toen hij drie jaar later de weduwe Julia Duckworth huwde werd hij stilaan de gehate vader met ijzeren tucht en gezag die hij zichzelf en de ganse familie oplegde; zelfs toen het huis Stephen gonsde van het leven — de weduwe had immers drie kinderen uit haar eerste huwelijk en in 4 jaar tijd werd de familie Stephen vier kinderen rijker : Vanessa (1879) Thoby (1880) Virginia (1882) en Adrian (1883) — trok de vader zich terug in eenzaamheid om zijn biografisch werk voort te zetten. De familiale last die het huwelijk meebracht, verdroeg hij moeizaam en zijn humeurige uitvallen werden mettertijd steeds talrijker. Zo groeide bij V.W. het beeld van een verlicht despoot die door zijn autoritair optreden gevreesd, maar om zijn werkkracht en inzet geëerd werd.

Het tegenwicht aan liefde en zachtmoedigheid dat zijn tweede vrouw Julia in de schaal wierp, bracht de gezellige sfeer die een kinderrijk gezin zo nodig heeft. Zij straalde haar geluk uit in iedere kamer van het huis aan Hyde Park, op ieder kind dat zij ontmoette en verzorgde en op iedere vreemde, arm of rijk, die het huis betrad. Rond haar vond de familie de rust die door de nukkig ouder wordende Leslie soms werd bedreigd. Zij wist voor ieder, zowel ouderen als jongeren de geschikte toon aan te slaan en midden haar dagelijks werk vond zij nog de tijd om de fantasie en de creativiteit van de kinderen aan te wakkeren. En inderdaad, ieder kind van de familie Stephen hunkerde naar fantasie en creativiteit. Ieder schiep zijn eigen wereldje, Vanessa in het picturale, Virginia in het verbale en Thoby leidde het gezelschap. Zo vond ieder zijn gading in Londen in het grote huis aan Hyde Park, waar in het geheim getekend en geschreven werd, of in St Yves, het vakantieoord van de Stephens, waar zij van de ruwe en rijke natuur genoten en schelpen en insekten verzamelden. Deze gelukkige vakantiejaren hebben op V.W. een diepe indruk nagelaten. In ,,To The Lighthouse'' en ook in ,,Jacob's Room'' duiken steeds maar opnieuw beelden op uit die tijd. Een onstuimige zee met de vuurtoren, het beeld van de strenge Vader en de steeds wachtende Moeder, en daarrond een jeugd, tuk op avontuur en fantasie, bevolken de meeste van haar romans. Uit deze enkele gelukkige kinderjaren heeft V.W. een rijke bron van inspiratie gemaakt. Niet alleen putte zij uit die tijd de rijke décors en de brede waaier van personages, maar in die periode bouwde zij ook aan een van haar diepste karaktertrekken : haar androgeniteit. Van nature uit had zij van haar moeder die diepe vrouwelijke charme en prerafaëlistische schoonheid geërfd, waarmee zij haar vrouwelijke figuren bekleedde. De stilte en intimiteit die rond Mrs. Ramsey of Mrs. Dalloway hangen, heeft zij voor het eerst aangevoeld in het grote huis aan Hyde Park of in Talland House in St Yves, waar Julia Duckworth de norsheid van haar man opving en haar kinderen rust en ontvankelijkheid bracht. Zelfs in haar geëmancipeerde vrouwelijke figuren heeft V.W. nooit nagelaten een vrede- en rustbrengend instinkt in te planten. Slechts wanneer zij ontwaren dat dit door de mannelijke gemeenschap wordt bedreigd, komt hun strijdende geest in opstand, een geest die de man bekampt met zijn eigen middelen : militaristisch, koel en berekend, de methode die Leslie Stephen aanwendde in zijn leven en werk met een gevoelloze nauwgezetheid die terzelfdertijde afschrikte en eerbied afdwong. Met deze wapens zal V.W. later ten strijde trekken tegen de Victoriaanse tijd en voor de emancipatie van de vrouw. In haar essay ,,A Room of One's Own'' en nog sterker in ,,Three Guineas'' klinkt die zin voor een systematisch engagement en een beredeneerde afbraak van de mannelijke dictatuur.

Het is ook deze laatste karaktertrek die haar recht hield in de zwarte jaren die volgden. In 1895 stierf haar moeder; de ontreddering die op het huisgezin en vooral op de oude Leslie viel, en de dominantie van Stella en vooral de arrogantie van George Duckworth op de jongeren, hebben Vanessa en Virginia bewonderenswaardig doorstaan. Vanessa kreeg daarbij na de dood van Stella (1897) de huiselijke en financiële taak op zich. Virginia onderging alles met een diepe gelatenheid en vond alleen troost in haar innerlijk leven. Haar dagboek verving de levenslustige dagbladartikelen waarin zij met een kinderlijke naïviteit de dagelijkse gebeurtenissen van het huis had geschetst. Zij verslond de bibliotheek van Leslie en luisterde gretig, soms met schrik en soms met afgunst, naar de diepe wijsheid van hem die haar huisleraar en ook haar huistiran was. Zo werd zij het dromerige mystieke meisje dat soms spottend en onstuimig kon losbarsten, vooral wanneer zij haar broer Thoby naar Cambridge zag vertrekken en als volwassene terugkeren, maar plots weer wegzonk in rusteloze mijmeringen over de vrouwelijke onmacht en het onrecht dat zij leed door haar geslacht. Zij zoekt dan ook liefde en genegenheid bij Madge Symonds die voor haar het prototype was van de geëmancipeerde vrouw. Onder hen beiden bouwden zij een nieuwe wereld op waarin de vrouw gelijke studie- en ontspanningsmogelijkheden genoot als de man, waarin universiteit en clubs gelijke kansen boden en de hoge administratieve funkties toegankelijk waren voor beide geslachten. Een wereld waarin beiden de ,,Three Guineas'' bezaten die nodig waren om een college voor vrouwen te betrekken en een eigen kamer ,,A Room of One's Own''. Doch de werkelijkheid was anders. Haar bewondering voor Thoby en zijn vrienden van Cambridge groeide uit tot een jaloersheid. De plaatsen die zij bezochten en de boeken die zij lazen, bleven voor hen gesloten. Hun taak bestond er in de teekransjes op te luisteren, de tantes te ontvangen. Daarbij kwam nog de zorg voor de oude vader, wiens slepende ziekte en grimmige zucht naar liefde en genegenheid steeds meer tijd en aandacht vergden van zijn dochters. Toen hij stierf in februari 1904 was het dan ook voor de dochters Stephen eerder een opluchting dan een ineenstorting. Zijn geest echter bleef Virginia kwellen, riep steeds opnieuw een schuldgevoel in haar op en het zou eerst bij het schrijven van ,,To The Lighthouse,, zijn dat zij zich van zijn obsederende macht op haar zou verlossen.

Doch in de zomer van 1904 werd het haar te machtig. Haar geest en lichaam waren niet meer bestand tegen de druk van de buitenwereld. Haar gevoelsleven plooide; depressie volgde op uitgelatenheid, uitbarstingen van woede op ijzige stilten. Na een kort verlof in Italië brak de veer volledig. Maandenlang dwaalde zij in een donkere tunnel, waar het enig lichtpunt het einde, de dood betekende.

Vele biografen hebben gepoogd de oorzaken van deze vlagen van krankzinnigheid op te sporen. De meesten menen die te ontdekken in het broze zenuwstelsel van Virginia zelf. Als kind reeds vertoonde zij een zeer ontvankelijke natuur; een hard woord of een bruuske geste konden haar dagenlang doen zwijgen of in een hysterische bui doen uitbarsten. Ook haar kinderverhalen en eerste dagboekaantekeningen verraadden een geest die door de grote frekwentie van haar gedachten zeer kwetsbaar was. En deze ietwat zieke geest kon haar rijk doch onstuimig gevoelsleven niet beheersen. Dit leven werd sedert 1895 herhaalde malen op de proef gesteld : de dood van haar moeder Julia en halfzuster Stella, de ziekte en dood van haar vader in 1904, waaruit zij een schuldgevoel meedroeg dat haar jarenlang zou vervolgen. Deze diepe slagen heeft Virginia nochtans met een uiterlijke gelijkmoedigheid getrotseerd. Maar naast deze sterfgevallen doorkruisen enkele ogenschijnlijk kleine gebeurtenissen en gedragingen haar jeugd. Zo suggereren enkele critici dat de opdringerige intieme houding van George Duckworth een diepe wonde geslagen heeft in haar sexueel leven. Haar vlucht in de liefde van Madge Symonds, waar zij voor het eerst na de moederliefde, de tederheid van haar eigen geslacht ontdekte, wordt vaak als een gevolg van deze agressieve en toch liefdevolle toenadering van George Duckworth aangestipt. Ook de autoritaire houding van Leslie bracht Viriginia uit haar geestelijk evenwicht. Zij voelde zich de onmisbare verstotene. Terwijl Leslie en Thoby in de rookzaal literaire, filosofische en politieke discussies voerden, mochten de zusjes

Virginia en Vanessa de oude tantes amuseren met onbenullige nieuwsjes. Dit derven van echte conversatie, dit ontbreken van gees-telijke omgang met interessante jongemannen en vooral het verbod van elk politiek of filosofisch engagement deed het opgekropte gemoed van Virginia overlopen. Wat kon het leven haar nog bie-den? Wat was er voor een knappe intellectuele vrouw weggelegd in een gemeenschap waar de man alles voor het zeggen had? Dergelijke vragen brachten haar op de rand van de afgrond. Wanneer niemand haar een hand reikte, was de ineenstorting onafwendbaar. Zo gebeurde het in 1904, 1917, en dan met een grotere frekwentie tot aan haar dood in 1941.

De eerste stap naar de genezing was steeds rust en terugkeer naar innerlijke beschouwing. Eerst hoefde zij haarzelf terug te vinden : de draden van de geest ontwarren, de schuldgevoelens overwinnen en de vervolgingswaanzin verdrijven. Dan bereikte zij een toestand van grote leegte, een vacuüm dat zij met nieuwe projekten kon vul-len. In Cambridge op het einde van 1904 vond zij de rust en stilte bij een tante; zij werkte er mee aan de biografie van haar vader en publiceerde haar eerste recenties in ,,The Guardian''. Haar leven kreeg opnieuw zin. Ondertussen verhuisde de rest van de familie naar 46 Gordon Square. De kinderen Stephen, verlost van George Duckworth (huwelijk) en Leslie, beleefden er een opluchting en bevrijding. Zonder toezicht of hinderlijke aanwezigheid konden zij zich vrij bewegen en het Victoriaans fatsoen overboord gooien. Het bezoek van de tantes nam steeds maar af en daarentegen verschenen de Cambridge-vrienden van Thoby. Hun eerste verschijnen kon-digde reeds de Bloomsbury-groep aan. Leonard Woolf, Lytton Stra-chey, Clive Bell en andere brachten de geest van een nieuwe tijd bin-nen. Zij ontvlamden beide zusters Stephen voor het Franse impres-sionisme, de ware Griekse schoonheid, de Russische romanciers en de Duitse filosofen. Zij ontmaskerden de Victoriaanse tijd met zijn hypocritische welvoeglijkheid en estetische oneerlijkheid. Zij verkon-digden de smaak voor de waarheid, de verdraagzaamheid en de intellectuele eerlijkheid. Deze openheid eiste een liberale opvoeding, wars van alle conformisme.

Voor Virginia, wiens ,,entrée dans le monde'' een ontgoocheling was geweest, daar zij overtuigd was lelijk te zijn en ongeschikt tot de dans, waren deze bijeenkomsten ogenblikken van zelfbevestiging. Zij bloeide open in de hevige en open gesprekken en discussies. Haar geest vond er de voedingsbodem voor haar eerste romans, en de eerbied die de vrienden van haar broer Thoby, die de vlam, ,,the God'' was van het gezelschap, voor haar en Vanessa opbrachten, verloste Virginia van zwartgalligheid en depressies. De bekroning van deze intieme avonden zou de reis naar Griekenland zijn (na een reis naar Portugal in 1905). Samen met Vanessa, Adrian, Violet Dickinson en Thoby, vertrok zij in de zomer van 1906 naar het land van hun dromen. De tochten waren zwaar, de hitte bijna ondraaglijk. Vanessa voelde zich moe en loom; Virginia waakte naast haar bed. Thoby keerde voortijdig naar Londen terug, waar de huisdokter te laat de kiemen van tyfus vaststelde. Een bleek en angstig gezelschap kwam in Londen aan om de doodsstrijd van broer Thoby bij te wonen. Hij stierf op 20 november 1906. Voor Virginia stortte opnieuw een wereld in. Een nieuw spookbeeld kwam haar schimmenrijk aanvullen en nog kwellender dan die van Julia en Leslie, kermde de geest van Thoby in haar geest : kermde boven de golven uit waarin ze hem probeerde te verstikken in haar roman ,,the Waves''. Doch sterker dan haar woord was de aantrekkingskracht van de dood, en die zal haar slechts verlaten wanneer zij hem ontmoet in 1941.

Nauwelijks hersteld van die dodelijke slag, kondigde Vanessa haar huwelijk aan met Clive Bell. Voor Vanessa betekende dit een totale bevrijding van alle familiale banden, voor Virginia het verlies van het duurbaarste dat haar overbleef. Als een afwezige woonde zij de huwelijksplechtigheid bij op 7 februari 1907. Met de dood in het hart verliet zij Gordon Square om samen met haar jongere broer Adrian Fitzroy Square nr 29 te betrekken. Het samenwonen werd een hel; zij ontvluchtte de dagelijkse ruzies en hoopte in een eerste liefde het vertrouwen in haarzelf terug te vinden. Zij zocht steun bij de esteet en hellenist W. Headlam. Zij toonde hem de eerste bladzijden van haar roman ,,Melymbrosia'', later ,,The Voyage Out''. Zij las Henry James om haar proza te versterken en tenslotte dook Lytton Strachey op in haar gevoelsleven, de man die zij vreesde en bewonderde. Als trouw lid van de Vrijdagavondontmoetingen maakte hij op haar een diepe, fascinerende indruk van koele geleerdheid en bitter cynisme, die iedere intimiteit met het andere geslacht ook doodde. Hun briefwisseling eindigde met een diepe bewondering voor de vriendschap en de literatuur. Tot een liefdesrelatie kwam het echter niet en tot aan zijn dood in 1932 groeide hun verhouding uit tot een wederzijdse vrees en jaloersheid, die bij ieder van hun publicaties tot uiting kwam.

Het was echter Clive Bell die Virginia's liefde voor het eerst opwekte. Met zijn zin voor piccurale schoonheid wist hij haar geest en lichaam ontvankelijk te maken voor liefde en sexualiteit. De flirt begon in het oude vakantieoord van de Stephens in St. Yves. Terwijl Vanessa haar eerste baby met moederlijke zorg omringde, vonden Virginia en Clive elkaar bij lange wandeltochten of avondlijke fluistergesprekken. Vanessa voelde zicht gekwetst, maar vermeed de echtelijke ruzies om de diepe blijdschap en vreugde die haar zuster in de familiale sfeer vond, niet te storen. Virginia voelde zich inderdaad gelukkig. Zij bloeide open tot een volwassen vrouw. Alles scheen haar aantrekkelijk : de schilderkunst, de literatuur, een uurtje bij de haard of een sigaret. Alleen het onvermijdelijk terugkeren in het eenzame huis van Fitzroy Square en de akelige zinspelingen van haar huisgenoot Adrian op het huwelijk, dreven haar terug in haar schuldgevoel tegenover Vanessa.

Intussen groeiden de Vrijdagavondbijeenkomsten uit tot de ,,Bloomsbury Group'', een literaire beweging die eerst bij haar verdwijnen faam verwierf. Gebaseerd op de ,,Principia Ethica'' van G.E. Moore poogden de leden de Victoriaanse tijd te ontdoen van zijn verouderd burgerlijk fatsoen. Hun smaak voor echte waarheid en schoonheid bracht hen het ware genoegen van de menselijke relaties. Estetische vreugde leidde tot persoonlijke genegenheid, verdraagzaamheid en eerlijkheid. Zij ontdekten in een liberale levenshouding de voldoening van kunst en schoonheid. Die geest van onderling begrip bevrijdde hen van de taboes van de 19de eeuw. Zij verspreidden een geest van non-conformisme, anti-imperialisme en religieus scepticisme. Zij zochten contact met de Franse impressionistische schilders en de Russische romanciers. Als zonen en dochters van eerbiedwaardige Victoriaanse ouders wilden zij ,,the sense of fun'' smaken van het avontuur, de vrije liefde en de intellectuele eerlijkheid. De wil om deze brede waaier van nieuwe gedachten en gevoelens uit te strooien, schonk hen de geestdrift en bezieling van een jeugdige groep die wel eens de naam kreeg van intellectueel snobisme of ,,van kevers die prikken als scorpioenen'' (D.H. Lawrence). De zusters Stephen genoten vanwege de vrienden een grote waardering : Vanessa om haar schildertalent en vrije levenshouding, Virginia om haar schrijverstalent, haar humeurige uitvallen en onbewuste schoonheid. Virginia besefte inderdaad niet dat zij een aparte vrouwelijke schoonheid bezat en was steeds verwonderd wanneer iemand haar het hof maakte. Schuw en zelfs achterdochtig trok zij zich bij iedere toenadering in haar schelp terug en sloot zich hermetisch af. Daarom ook voelde zij zich het veiligst bij de homofiele Lytton Strachey; zelfs de verliefde Leonard Woolf, die in 1910 uit Ceylon was teruggekeerd en aanstonds de vrienden van Bloomsbury vervoegde, werd door haar koel ontvangen. Hij moest maanden wachten vooraleer hij in mei 1912 haar ja-antwoord kreeg.

Reeds in 1906 had L. Woolf Virginia ontmoet op een diner samen met Thoby. Toen was hij als jonge administrateur vertrokken naar Ceylon, waar hij een briljante carrière hoopte op te bouwen. De eerste jaren was hij daarin ook geslaagd. Als zoon van een eerder arme joodse familie uit Putney, had hij de kans gegrepen om in Cambridge de leider te worden van de familiale clan. Een loopbaan in de kolonie leek hem de kortste weg. Toen hij in 1911 uit Ceylon terugkeerde om een eerste verlof in familie en tussen vrienden door te brengen, had hij reeds de houding van de ,,pater familias'' aangenomen. Stug in zijn verschijning, koel en terughoudend in gezelschap, ascetisch van levensopvatting, doch innerlijk sterk geëngageerd wanneer het zijn ras of de armen betrof, bleef zijn vriendschap dan ook beperkt tot de enkele ,,apostelen'' van Cambridge. De mondaine wereld van Londen liet hem onverschillig en de rijke milieus ontweek hij. Zelfs de intieme kring van de Bloomsbury vrienden zou hij terzijde gelaten hebben, ware hij niet vanaf het eerste ogenblik verliefd geweest op Virginia. Hij bewonderde haar eterische schoonheid en haar cerebrale, broze geest. Hij kende de zwakte van haar gezondheid, maar dit schrikte hem niet af. Beide hadden zoveel gebieden waarop hun belangstelling elkaar aanvulde : literatuur, sociaal engagement, de vrouwenemancipatie en ook de liefde voor bloemen en planten. Hun huwelijk dat reeds op 10 augustus 1912 in alle intimiteit werd gesloten, bood dan ook meer een soliede basis voor een gemeenschappelijk leven in dienst van kunst en maatschappij dan voor een wederzijds liefdesgeluk. Niettemin kunnen wij uit tientallen passages uit Virginia's dagboeken opmaken hoe groot haar liefde was voor Leonard en hoe vol vertedering zij was voor zijn geduld en begrip. Diep in haar ontdekte ook Leonard haar gevoelig hart, dat zij soms achter ,,vision'' en ,,comedy'' wegstopte om aan geen passies toe te geven.

Na hun huwelijk begon ieder op zijn eigen terrein een werkkring op te bouwen. Virginia herwerkte met een ambachtelijke nauwkeurigheid, zoniet angstvalligheid, haar eerste roman ,,The Voyage Out'', terwijl Leonard zijn eersteling ,,The Village in the Jungle'' afwerkte. Leonard ontdekte de armoede in de achterbuurten en wijdde er veel tijd en energie aan om die te leningen. Virginia stelde ondertussen de onmondigheid van de vrouw vast en zette zich volledig achter de emancipatie, die parallel die van de arbeiders volgde. Zo vervulden beide hun eigen levensroeping en vulden tegelijk elkaar aan. Een rijkere toekomst kon een jonggehuwd paar niet

Mevrouw Leslie Stephen met Virginia in 1884

Virginia met haar vader, Sir Leslie Stephen in 1902. Na de publikatie van "To the Lighthouse" schreef zij over haar ouders : "I am more like him than her, I think".

mooier toelachen. Helaas, de symptomen van de ziekte : slapeloosheid, zwijgzaamheid en agressiviteit, doorkruisten met een steeds grotere frekwentie de gelukkige dagen van werk en inzet. Vanaf juli 1913 dreigde haar gezondheid ineen te storten en niettegenstaande de bezorgdheid en begeleiding van de beste dokters en Leonard zelf, gebeurde in september het onvermijdelijke. De depressieve momenten en neurasthenie brachten haar aan de rand van de afgrond. Een zelfmoordpoging, gevolgd van een maandenlang schuldgevoel en vervolgingswaanzin, dompelden haar in een wanhopige melancholie die haar wekenlang stom maakte en haar dan weer opzweepte in een opgehitste euforie. In die ogenblikken bleef haar maar één redding over : sterven van honger. Zij weigerde systematisch elk voedsel en het vergde uren geduld om haar een bol soep of een boterham te doen eten. Totaal uitgeput en steeds bevreesd voor een nieuwe aanval, doolde zij van Asham naar Londen, van Holford naar Wiltshire. Het duurde twee jaar eer zij opnieuw de normale wereld durfde betreden. Rond maart 1915 rezen de angsten bij de publicatie van ,,The Voyage Out''. In enkele dagen had de ziekte reeds een acuut punt bereikt en dreigde nu zelfs Leonard mee te slepen. ,,The Voyage Out'' verscheen en Virginia werd geïnterneerd. Enkele weken later betrok zij het Hogarth House, bijgestaan door vier verpleegsters. Virginia en Leonard doolden maandenlang aan de rand van de wanhoop. Zij hoopte zoals Rachel in ,,The Voyage Out'' door de dood in het water haar liefde te bestendigen ; hij zocht troost in zijn dagelijks werk. De goede kritieken op haar boek brachten haar vlugger dan verwacht terug van haar tocht in het onbekende. Zij werkten als een heilzaam medikament op haar in en in de zomer van 1915 kon Leonard haar reeds meenemen op een tochtje in de omgeving van Richmond ; enkele maanden later konden zij samen het Hogarth House betreden.

Eerst op het einde van 1915 besefte Leonard dat wereldoorlog I een dreigende katastrofe betekende voor Engeland. Zijn ambitieuse natuur en zin voor het avontuur lokten hem naar Flanders' Fields doch zijn gezondheid en vooral zijn sociaal engagement en non-conformistische vrienden duldden geen geweld. Clive Bell en Lytton Strachey weigerden de wapens op te nemen en gingen als gewetens-bezwaarden werken op een hoeve. Rupert Brooke stierf aan het front en zijn anti-militaristische gedichten waarin hij zijn wrange beleve-nissen en verloren idealisme met krasse galgenhumor tekende, ken-den een grote bijval bij de pacifisten. Leonard werd voor de dienst afgekeurd en kon zijn sociale aktiviteit verder zetten en Virginia hel-pen bij haar herstel. Hij vond verstrooiing en handwerk voor haar toen hij in 1917 in Fleet Street een eerste drukpers kocht. De Hogarth Press was geboren. Primitief maar efficiënt enhousias-meerde zij Viriginia, die bij het kopen van papier en het zetten van de teksten een kinderlijke vreugde ervoer. Zij verzamelde ook vele vrienden rond het paar. Bloomsbury was uiteengevallen, maar veel nieuwe gezichten doken op. K. Mansfield, T.S. Eliot, B. Shaw en de vertrouwde Lytton Strachey en Duncan Grant werden de kern van de vriendenkring van de Bells en de Woolfs. Enkele werken van K. Mansfield en T.S. Eliot werden zelfs door de Hogarth Press uitgege-ven. Zo groeide de '17-club'' die de traditie van Bloomsbury moest verderzetten. De jeugd en het enthousiasme ontbraken echter. De oorlog had de doodsteek toegebracht aan het Victoriaans confor-misme en overal drong een progressieve, zelfs agressieve vulgaire geest door die de snob-mentaliteit van Bloomsbury voorbijstreefde. Voor Virginia bleek alleen nog de literaire vernieuwing zin en bete-kenis te hebben. Na de kritiek op ,,Night and Day'' in 1919 waarbij zij van sommige vrienden het verwijt meekreeg te intellectualistisch en te weinig geëngageerd te zijn, kondigde zij de ongeschreven roman aan: ,,Jacob's Room''. Voor haar zou dit een eerste stap betekenen in de richting van de metafysische roman. Het zou ,,a dis-connected Rhapsody'' worden rondom een ,,blank'' onderwerp. Een nieuwe taal en dialoog moest ,,the heart, the passion, the humour'' openbaren onder de oppervlakte van de dagelijkse gebeur-tenissen. Het werd een hevige, korte eruptie, slechts onderbroken door de novellenbundel ,,Monday and Tuesday''. Zij voelde zich meer en meer bedreigd door Lytton Strachey's ,,Eminent Victorians'', zijn ,,Queen Victoria'' en ,,Ulysses'' van James Joyce. Hun succes had haar opkomende glorie verduisterd en met een sluwe verbetenheid vocht zij voor haar roem. Zij voelde zich ,,suspended between life and death'' en leven betekende voor haar een schitterende literaire carrière.

In die jaren stond haar literaire stijl centraal in haar dagboeken. Ook haar kritieken uit die tijd waren hard en gevreesd en wellicht geïnspireerd door een jaloersheid. Het aankopen van ,,Monk's House'' in Rodmell (1919) en de dagelijkse beslommeringen met de Hogarth Press en het personeel konden haar innerlijk gemoed niet verstoren. Iedere kortstondige depressie werd door het schrijven veroorzaakt en door het schrijven overwonnen. ,,The dark would have its fascinations as well as its terrors''. Tussen deze beide polen zocht haar geest evenwicht en rust. In Richmond voelde zij zich van de wereld verwijderd en toen klonk in haar dagboekaantekeningen een diep verlangen naar Londen en de mensen. Het contact met de gewone mens wilde zij niet verliezen. De straten met hun winkels, de parken met hun wandelaars, de overbevolkte stations en bussen, de sandwichman en het bloemenvrouwtje, zij vormden allen een deel van haar wereld. Ook de vrienden en de gezellige avonden met dans, muziek, discussie en flirt waren een ,,reality'' waarachter zij mooie grotten wilde graven om haar karakters een symbolische diepte te geven.Haar ,,tunnelling'' proces had die wereld nodig. Deze realiteit bleef de springplank voor haar ,,airy, semi-mystic... very profound world of fiction''. Zij ankerde zich vast aan de toren van Big Ben, aan Regent's Park, aan de deftige huizen van Bloomsbury om de gevoelens van liefde en waanzin een geloofwaardige basis te geven. Indien zij dit kon bereiken, zou zij overtuigd zijn te kunnen schrijven. ,,Mrs. Dalloway'' (1924-25) schonk haar die zekerheid. Waar ,,Jacob's Room'' ,,continuity and connection'' miste, vond ,,Mrs. Dalloway'' lijn en houvast in de straten van Lon-

19

den bij het luiden van Big Ben. Als de liefde van Mrs. Dalloway of de waanzin van Septimus Warren Smith haar te veraf dreven in ,,the beautiful caves behind my characters'' bracht Londen haar terug naar de eenvoudige werkelijkheid, zoals de bewoners van Illiers of Cabourg M. Proust vasthielden binnen hun muren. Zij voelde dan ook zoals Proust de noodzaak deze reële wereld een symbolische dimensie te geven. Water en vuur, aarde en lucht, huizen en getijden inspireren een alternatieve dialektiek voor vreugde en ongeluk, liefde en waanzin. Ieder element draagt een abstrakt symbolisch karakter : het water dat stilstaat als vijver of moeras zuigt de mens aan als een dodende spin, doch wanneer het vloeit betekent het de vitale energie, de kracht van het leven, en beiden wisselen voortdurend hun ambivalente kracht van afstoten en aantrekken, van leven en dood; de getijden van het menselijk lichaam.

De twee titels van de volgende romans ,,To the Lighthouse'' en ,,The Waves'' dragen die dubbele kracht in zich; zij zijn het symbool van de menselijke getijden tussen geest en lichaam, water en aarde, de vaste werkelijkheid en het fluïdum van de geest. Geen van beide wilde zij verliezen. De werkelijkheid, het lichaam, de aarde hadden in haar schrijven nood aan een chronische continuïteit, de logica van het narratieve en de vastheid van de ruimte. Tegenover het diffuse, het introverte van ,,To the Lighthouse'' en ,,The Waves'', staat de gebondenheid aan de realiteit van ,,Orlando'' en ,,A Room of One's Own''.

Deze laatste werken hebben in ieder geval de werkelijkheid, het leven als grondslag. Wat zij er van gemaakt heeft is haar werkelijkheid, door haar fantasie omgetoverd tot parodie of pamflet. ,,Orlando'' is gebaseerd op Vita Sackville-West. Hun vriendschap dateert van 1925 en beide koesterden een grote bewondering voor elkaar. Virginia zag in Vita de ,,highbrow'' van adellijke afkomst, maar die als vrouw het voorvaderlijk slot niet kon erven. De strijd die zij voerde om het kasteel ,,Knole'' te bezitten tegen wet en conformisme in, straalde niet alleen eerzucht en diepe aanhankelijkheid uit, maar ook een mannelijke agressieve bezitsdrang die haar androgeen karakter verraadde. Haar koele, hautaine houding lokte afkeer en verachting uit bij het gewone volk, maar bewondering bij de intellectualiteit van Bloomsbury. Zij bekende openlijk haar sapfisme en schrok er niet voor terug een diepgaande lesbische verhouding aan te knopen. Of Virginia Woolf ooit haar sexuele toenaderingen beantwoord heeft, valt moeilijk uit te maken. Toen Vita echter in 1925 haar man naar Teheran begeleidde, was Virginia opnieuw de ineenstorting nabij. In het schrijven van ,,Orlando'' zag zij echter een middel om haar liefde en genegenheid voor Vita uit te drukken. De roman was in haar gegroeid bij ieder bezoek aan Knole en bij iedere ontmoeting met Vita, die voor haar fiktie de complete persoonlijkheid, het gigantisch verleden en de verlichte geest leverde. De roman werd een spel met tijd, ruimte en sex. Toen zij begin 1928 na een gelukkige herfst en een achtdaagse uitstap naar Frankrijk met Vita, haar roman afsloot, vond zij geen naam om hem te noemen; een biografie was het niet, voor een roman was er een teveel aan historische en reële gegevens, voor een historische kroniek had het boek te veel verbeelding. Dan maar een ,,farce'', een parodie met de humoristische ondertitel ,,a biography''. Het belangrijkste was echter dat zij er opnieuw van overtuigd was dat zij een direkte zin kon schrijven, vlot en vloeiend als water dat door de geest bruist : een hersenspoeling in de echte zin van het woord.

Met dezelfde geestdrift, doch met meer ernst overwoog zij in 1927 een essay te schrijven waarin zij haar opinie over de ontvoogding van de vrouw wilde weergeven. In vele conferenties had zij reeds het beeld getekend van de zelfstandige vrouw, ontvoogd en los van alle vooroordelen en schuldgevoelens, met het recht op eigen opvoeding tot en met de universiteit. Zij sprak op deze vergaderingen meer als vrouw dan als schrijfster, over haar jeugd, haar huwelijksleven, haar persoonlijke strijd. Als 46-jarige populaire auteur - gevolg van ,,Orlando'' en haar getuigenis ten voordele van het safistisch boek ,,A Well of Loneliness'' - wilde zij de jongere vrouwen overtuigen van de noodzaak van een beroep, van eigen verantwoordelijkheid en van een eigen kamer : ,,A Room of One's Own''; een kamer die hen zou toelaten een eigen leven te leiden en een eigen wereld op te bouwen, los en naast die van de man. De vele ,,causeries'' monden uit in een lief en vlot essay, een jeugdbezoek aan Cambridge waar zij als vrouw getuige is van de macht van de mannelijke, intellectuele gemeenschap (The Greeks, the Aspostles uit de Bloomsbury periode). Haar vrouwelijke verbeelding daagt echter dit mannelijk conservatisme uit en vraagt zich af hoe de wereld zou geweest zijn indien de vrouw dezelfde voorrechten zou genoten hebben; indien de zuster van Shakespeare evenveel mogelijkheden zou gehad hebben als William en Cambridge evenveel vrouwelijke als mannelijke colleges en fellows.

Het antwoord ligt voor de hand : met de vrouwelijke vreedzaamheid en liefde zou de beschaving een minder militaristische en dictatoriale evolutie hebben gekend; een wereld waarin de zucht naar geld, macht en oorlog een geringere rol zou gespeeld hebben. Daarom is zij tevreden een inkomen te hebben, een eigen kamer te bezitten om de agressiviteit van de man te bestrijden. Op de vooravond van het rijzend fascisme klinkt dit essay als een waarschuwing. In 1938, op de vooravond van de oorlog zal dit brave essay uitgroeien tot een wanhopige kreet in het pamflet ,,Three Guineas''. De verbeelding heeft dan plaats gemaakt voor een aanklacht tegen de oorlogszucht van de totalitaire staten, die reeds eeuwen gevoed werd in de militaire, gerechtelijke en opvoedkundige kringen, waar alles getuigt van een mannelijke dictatuur en een verachting van de vrouw. Tegen zulk beleid baat slechts een opstandige revolutionaire houding. De vrouw moet haar stemrecht gebruiken, weigeren kinderen te baren, en toegang tot alle beroepen verwerven. Dit kondigt meer een humaan dan louter feministisch programma aan. Het voorbeeld is Antigone ,,a mind, a will of your own''.

Deze beide werken bewezen hoe Virginia als introverte dichteres, terwijl zij haar celebraalste werk ,,The Waves'' voorbereidde, aangetrokken bleef tot de alledaagse problemen, haar vriendenkring en de politieke actualiteit. Zij dankte haar roem en rijkdom aan haar succes met ,,Orlando'' en ,,A Room of One's Own''. Zij wist zich schitteren in de mondaine kringen. Na Vita Sackville-West werd de beroemde Ethel Smyth op haar verliefd. Bloombury was verdwenen, maar de oude vrienden bleven haar omringen. De reizen werden duurder en comfort en luxe drongen hun woning in Tavistock Square binnen. Dit alles begeesterde haar en zij beminde het tot het haar overstelpte en verstikte. Toen werd de wereld een last, de mensen monsters en het beschrijven van de realiteit een goedkoop middel om haar lezers te bedotten. Zij wist dat zij op die manier haar roeping als schrijfster verraadde en dat haar realiteit een andere was. Deze bestond niet uit conferenties, vrienden bezoeken of reizen, maar wel uit de essentie die achter dat alles stak : de uitdaging van Bernard uit ,,The Waves'' om het totale leven te exploreren. Deze exploratie vergde ascese. Eerst moesten alle geluiden van het luidruchtige leven gedempt worden, vooraleer zij de stilte van het eigen zijn in de totale mensheid kon horen. Iedere afzonderlijke golfslag moest verdwijnen om ,,the voice of the sea'' te horen. Deze stem klonk in ,,The Waves'' (31) als de stem van dood en leven. Iedere dood — ook die van Thoby — riep om leven om de leegte te vullen die iedereen en ook haar aantrok en bedreigde.

De vrees voor deze leegte beangstigde haar bij het beëindigen van ,,The Waves''. Zij was een abstracte, transparente, visionaire wereld binnengetreden waar geen klok tikte en geen weg doorliep. Waarheen zou die wereld haar leiden? Uitgeput, doch gelukkig, heeft zij na het beëindigen van ,,The Waves'' enkele minuten gerust in ,,a state of glory and calm, and some tears.'' Zij stond zoals haar idool Proust, op de drempel van die andere wereld, doch ook de realiteit liet haar niet los. Opnieuw zou zij pogen deze verbijsterende werkelijkheid te onderzoeken om diepere waarheid te vinden. Een eerste zoektocht deed ,,Flush'', een tweede biografie, nu in het leven van Elisabeth Barrett Browning. Deze luchtige en plezierige wandeling doorheen het leven van de Victoriaanse schrijfster die zoals V.W. een strijd had geleverd tussen fiktie en werkelijkheid, heeft niet de pretentie haar passioneel leven te ontleden. Door het oog van Flush echter, haar geliefde spaniel, dringt V.W. door tot in de intiemste momenten en gedachten van E.B.B.. En alhoewel Flush alleen oppervlakkige en ogenschijnlijk onbenullige gebeurtenissen vaststelt, is hij zo gevoelig voor de menselijke emoties dat hij in elke beweging of reactie een teken van liefde, ontgoocheling, vreugde of leed terugvindt. Zo wordt hij de seismograaf van haar gevoelsleven, maar, zo besluit V.W. ,,she was woman; he was dog.''. En daarmee is haar taak als biograaf omschreven. Slechts dat wat een hond kan waarnemen, is reeds meer dan voldoende. Wie dieper wil doordringen, moet de waarachtige feiten volgen en dit is geen kunst, dit is het werk van een ,,craftsman'', een ambachtsman, ,,not an artist''. Beide : ,,fiction'' en ,,facts'' laten zich niet verzoenen; het resultaat zou ,,ambiguous'' zijn. Daarom verkiest zij in ,,Flush'' de vrije biografie met de mogelijkheid tot eigen creativiteit, want het verleden mist te veel documentatie om alle facetten van deze historische figuur weer te geven. Dan maar een beroep doen op de verbeelding om de leemten aan te vullen en de ernst van de vakman overboord gooien. De echte feiten blijven weliswaar de bakens waaraan zij zich vasthoudt. Zij beperken enerzijds de verbeelding maar kunnen anderzijds fiktie stimuleren wanneer deze vermoeid is ,,and needs rest and refreshment''. Dit was het vertrekpunt, niet alleen voor V.W.'s grote biografische escapades maar ook voor vele van haar romans.

Na ,,The Waves'' heeft zij meer dan ooit beseft dat zij de waarneming en feiten, het sociaal en maatschappelijk leven had verwaarloosd. Haar eerste ontwerp voor haar roman ,,The Pargiters'' later ,,The Years'', had dan ook als doel een beeld op te hangen van de huidige maatschappij, gegroeid uit de laat Victoriaanse tijd; een wellicht wanhopige poging om ,,facts and vision'' te combineren tot een geheel. De kritiek van het jongerentijdschrift ,,Scrutiny'' op

24

haar a-sociale houding, de dood van Lytton Strachey en Roger Fry, de opkomst van het nazisme en de pacifistische reactie van de Woolfs zetten haar op weg naar de vertelling. De dertiger jaren hadden V.W. in het midden van de vloed gezet. Zij kon aan het leven niet meer ontsnappen. De wereld drong zich aan haar op en duwde haar steeds op de rand van die afgrijselijke afgrond : haar ziekte. Dan besefte zij steeds weer welk gevaar zelfs de kleinste botsing voor haar betekende. Het ontslag van Nelly, de keukenmeid, bracht haar totaal van streek. Leonard had de grootste moeite om haar te vervangen. Het gevoel kinderloos te sterven maakte haar wanhopig ; een uitspraak van Morgan Forster over de onmacht van de vrouw ontstak haar in een woede die uitbarstte in het pamflet ,,Three Guineas''.

Alle spanningen van die jaren (1933-'35) weerspiegelden zich in de grilligheid van haar werken. Zij ontwierp een nieuwe roman ,,Between The Acts'' vooraleer de oude ,,The Years'' voltooid was, reageerde heftig op alle kritieken en stortte zich hals over kop in de biografie van Roger Fry. Soms voelde zij zich als een bezetene van gedachten en gevoelens om enkele dagen later in een leegte te vallen waar alles ijdel en zinloos leek.

Na haar reis door Duitsland, Oostenrijk en Italië in de lente van '35 verhoogde de spanning nog door de vrees voor het nazisme en de jodenvervolging. V. zweefde voortdurend zoals in 1913 op de rand van de afgrond. Haar enig houvast bleef haar schrijven, dat in die jaren een andere wending had genomen. In ,,Flush'', ,,Three Guineas'' en ,,The Years'' probeerde zij steeds maar opnieuw om langs feiten, ontmoetingen en botsingen, dialoog en vertelling de mens in zijn wezen te benaderen. Doch hoe verder zij vorderde in haar werk, hoe ijler de gesprekken werden, hoe meer de personen uiteenvielen. V. had wellicht gedroomd zoals Proust een eenheid te bereiken in de veelheid van personages maar haar verbeelding verraadde haar. Alles vloeide zo vlug uit haar pen dat de introverte passages zeldzaam werden en de kracht niet bezaten om diepte en eenheid te geven aan de roman, en het verhaal ,,twilight gossips'' werd en de personen onbewust deden wat zij dachten. Meer dan ooit vreesde zij dan ook de publicatie van ,,The Years''. Zij wist dat het boek de innerlijke kracht van ,,The Waves'' miste, maar zij hoopte dat zij recht zou doen aan diegene die van haar mensen van vlees en bloed eisten met sociaal en maatschappelijk engagement; het boek verleidde inderdaad een groot aantal lezers en werd in Amerika een financieel succes; innerlijke tevredenheid bracht het echter niet. Zij troostte zich met de gedachte dat de dreiging van de oorlog een pacifistische en humanistische geest eiste van de kunst en dat ,,The Years'' ,,her most human book'' was. In die zin werkte zij ook ,,Three Guineas'' uit. Haar intrinsieke feministische strijd werd een aanval op het mannelijke, brutale geweld, dat gevoed door patriottisme, militarisme en staatszucht steeds op oorlog aanstuurde. Haar hoofdbekommernis werd ,,How are we to prevent war?''; en dit leidde tot uitspraken als : ,,refuse Children!''. Alles leek haar geschikt om het monster oorlog te bekampen. Want voor haar betekende oorlog het einde van onze beschaving. Reeds in 1938 voelde zij dat literaire roem niet meer werd gewaardeerd. Iedereen volgde de onderhandelingen van München, de aanhechting van Oostenrijk en Tsjechoslowakije en de groei van het fascisme in ieder Europees land. Angst, verdachtmaking en egoïsme verdreven de humanistische gevoelens. V. klampte zich vast aan de banale feiten uit het leven van Roger Fry. Zijn biografie werd een vlucht uit de werkelijkheid. Het boek zou niet mooi zijn maar het bracht haar de vergetelheid van het prangend heden en redde haar tussen '38 en '40 van het spookbeeld van de oorlog.

Toen in mei 1940 de Duitse legers België, Holland en Frankrijk bestormden, hadden Virginia en Leonard reeds in alle kalmte beslist bij eventuele invasie tot zelfmoord door verstikking. Rodmell en Monk's House waar zij de zomer van '40 doorbrachten, bleef angstwekkend kalm. Ieder ogenblik verwachtte Engeland de invasie. Ieder luchtgevecht bracht de kanonnen dichterbij. Het leven scheen zonder toekomst. Zij beëindigde ,,Roger Fry'' en in haar heldere momenten schreef zij gehaast doch tevreden ,,Between the Acts''. Het bracht haar rust en enkele gelukkige momenten. Zij herleefde nog een laatste maal de vervoerende kracht van het onderbewustzijn. Geen enkel roman heeft droom en werkelijkheid zo door elkaar geweven; ,,all life, all art, all waifs and strays...'' ,,a rambling capricious but somehow unified whole''. Een spel vol euforie en extase, parodie en symboliek en toch aan Pointz Hall vastgekluisterd, waar alles zijn betekenis krijgt diep in de nacht: het geloof van een mystieke eenheid na het leven.

Het boek bracht haar heldere ogenblikken van mystiek inzicht. Toen zij in november 1940 het boek afsloot, zag zij in het water van de rivier Ouse die haar oevers verlaten had, een maagdelijke schoonheid. Het water zou haar van de wereld en zijn innerlijke boze krachten zuiveren. De vele raids op Londen hadden de nacht boven Engeland gebracht. Zij wist dat er slechts één uitweg was : de dood. Daar alleen zou zij de innerlijke rust van de primitieve mens vinden, die hij door techniek en wetenschap verloren had. Zij hunkerde naar de eenvoud van de simpele mens zoals zij hem herontdekte in de brieven van haar moeder die zij in december '40 herlas. Zelfs de winter van '40-'41 vertoonde in zijn witte vlakten de stilstand van de beschaving en de koude onverschilligheid van het menselijk ras. Alles klapte plotseling dicht en een ondoorzichtige sluier viel over haar geest. De depressie die zij aanvoelde in januari '41 herinnerde haar zeer sterk aan die van 1913. Zij hoorde opnieuw de stemmen die haar vroeger zo verschrikkelijk hadden gefolterd. Zwartgalligheid en moedeloosheid volgden op momenten van helder inzicht in het uitzichtloze van mens en beschaving. Uiterlijk echter verraadde zij weinig van deze innerlijke waanhoop. Zij sliep rustig, leed weinig hoofdpijn en kende geen aanvallen van opwinding of waanzin. De moeilijkste opdracht voor Leonard bestond erin haar zonder te ontwrichten een doktersbezoek aan te raden. Dr Octavia Wilberforce, haar vriendin-dokter uit Brighton, raadde haar ontspanning aan. De verveling in Rodmell verzwakte alles in haar zelfs de eetlust. Een uitstap naar Cambridge brak voor enkele dagen de eentonigheid van het plattelandsleven. De ontmoeting met oude vrienden en kennissen zou haar opnieuw moed en werkkracht schenken. Wat zij als herinnering meebracht, was de gulzigheid van de mensen in de restaurants en de doodsangst in de Londense gezichten. De bezoeken van haar vriendinnen Elisabeth Bowen en Vita Sackville-West vermoeiden haar en zij hoopte bij het herwerken van ,,Between the Acts'' de vreugde van woord en zin terug te vinden. Toen zij enkele dagen later in een brief aan John Lehmann eiste haar roman niet te publiceren, wist Leonard dat haar toestand zeer kritiek was. Hij slaagde er eerst op 27 maart in haar tot bij Oct. Wilberforce te brengen. Voor het eerst aanvaardde Virginia een psychoanalytisch onderzoek. Zij bekende enkele oorzaken van haar angst o.a. de vrees dat de waanzin uit het verleden zou terugkeren en dat zij niet meer zou kunnen schrijven. De dokter verzekerde haar dat met haar eigen hulp en inzet alles terug in orde zou komen. De Woolfs keerden dezelfde dag naar Rodmell terug.

In de vroege ochtend van Vrijdag 28 maart schreef Virginia in haar studio twee afscheidsbrieven, één aan Leonard en één aan Vanessa. In beide dankte zij hen voor alles wat zij voor haar gedaan hadden. Doch zij voelde dat de ziekte onvermijdelijk was en de dood de enige oplossing.

Om 11 uur nam zij haar wandelstok en vertrok in de richting van de rivier Ouse. Leonard vond haar stok enkele uren later. Toen wist hij reeds dat zij zich verdronken had. Eerst drie weken later ontdekte men het lijk. De lijkverbranding had plaats te Brighton op 21 april. Leonard was de enige aanwezige.

VIRGINIA WOOLF, HAAR ROMANS.

,,The Voyage Out'' (1915) is een broderie rond liefde en dood. Het kantwerk is ragfijn, transparent en van een uitzonderlijke makelij maar door een kunstenaarshand zo uitgesponnen dat de lezer soms te lang moet wachten om tot de essentie, de diepe problematiek van het innerlijk wezen door te dringen. Een eersteling niet met de fouten maar met de angsten van een beginneling. Het gehele repertorium van V.W.'s latere rijkdom aan gevoelens, verbeelding en gedachten is reeds in de kiem aanwezig.

Uit een heterogeen Engels gezelschap distilleert zij langzaam de diepe en fijne karakteraspekten. Gesprekken, ontmoetingen en expedities zijn slechts middelen om de innerlijke mens te benaderen. Geen enkele conversatie leidt tot een diepgaande discussie over een economisch, politiek of literair probleem. De flarden dialoog, onsamenhangend en soms tegensprakelijk, geven de indruk van oppervlakkige weetgierigheid, doch telkens ontwaart men de mens die achter zijn woorden staat, sociaal, economisch of artistiek geëngageerd, en in flitsen uiting geeft aan zijn diepste aspiraties. En deze wortelen meestal in hun mannelijke zelfzekerheid en trots of in hun vrouwelijke, subtiele fijngevoeligheid. Want zoals in de meeste werken van V.W. valt het gezelschap uiteen in twee kampen : een ganse gamma van mannen, representatief voor de Engelse gemeenschap van die tijd, en een clan van vrouwen, die de overgang vertegenwoordigen van de verdrukte Victoriaanse vrouw tot de geëmancipeerde suffragette. Alleen liefde en dood kunnen deze beide kampen verzoenen. Daarom ook heeft V.W. verschillende idylles geweven doorheen dat koele net van hooggeplaatste heren en pompeuze dames, en samengebracht in Santa Marina, ver van het klassieke en gesofistikeerde milieu van London, onder een schroeiend zon; een exotisch kader dat bloed en geest doet gisten met liefde en dood als gevolg.

Midden deze innerlijke spanning voelt V.W. zich thuis. Gesprekken en personages dragen de stempel van Bloomsbury, het intellectuele milieu waar ieder slechts bekommerd is om eigen werk en toekomst en ieder probleem vanuit eigen standpunt wordt beoordeeld. Hoeveel mannen als St John Hirst heeft zij niet ontmoet, gekend en wellicht geliefd om hun zelfstandigheid, behaagzucht en geleerdheid? En was ook zij niet gecharmeerd toen Lytton Strachey haar zijn diepe vertwijfelingen openbaarde? Want voor haar schoonheid en intelligentie vertederde elke mannelijke zelfingenomenheid; en haar woord besliste soms - zoals Helen de balie in London voorhoudt aan St John Hirst - welke richting hij moest nemen. Hieruit straalde reeds haar overtuiging en zelfbeheersing die in haar strijd voor de vrouwelijke emancipatie zo dikwijls opflakkeren. Zij bond deze strijd immers niet aan politiek maar aan de intrinsieke waarde van de vrouw zelf. En in dit opzicht heeft zij van af haar eerste roman vrouwetypes gecreëerd die door hun diep menselijk inzicht hun tegenspelers ontleden en beheersen.

Helen, de mooie gehuwde vrouw van middelbare leeftijd, spant de kroon in het ganse boek. Vanuit haar ivoren toren van schoonheid straalt zij een vertrouwen en rust uit die iedereen ontzenuwt. Zelfs St John bezwijkt voor haar en komt zich als een kind aan haar voeten neervlijen. Zijn grote geleerdheid ten spijt ontdekt hij bij haar opnieuw zijn eenvoudig mens-zijn. Bij haar zoekt Rachel Vinrace bezinning en zelfstandigheid, en in haar verhouding tot haar man ziet Rachel de ideale huwelijksband. Haar liefde leidt immers tot een onverstoorbare onafhankelijkheid, die Rachel onbewust nastreeft en waarin zij naar het einde toe ten volle openbloeit.

Heeft V.W. in het begin te veel de nadruk gelegd op de caleidoscoop van personages, naar het einde spitst zij alles toe op de liefde en dood van Rachel. Naast Terence, in de schaduw van St John, treedt zij langzaam uit de moederlijke bescherming van Helen. Bij ieder stap dichter bij de liefde voelt zij de zelfstandigheid in haar groeien. Haar wezen krijgt de glans van Helen en uit haar optreden straalt rust en tevredenheid. Doch terwijl Helen de koele, trotse vrouw blijft, opent zich in Rachel een nieuwe, intieme wereld. Bomen en planten, mensen en dieren krijgen een nieuwe dimensie. Haar ogen boren diep in ieder wezen, ontsluieren de diepste gedachten en gevoelens. De schittering van haar liefde tot Terence beperkt zich niet tot hen beiden, maar bestraalt haar ganse omgeving. Niet in een egoïstische, romantische zelfverheerlijking valt hun verhouding terug, veeleer opent zij nieuwe horizonten van schoonheid en goedheid waarin iedereen zich kan spiegelen. Liefde is geluk uitstralen op anderen, zodat zij in dit geluk deelachtig worden. En te midden van dit geluk schrijft V.W. de mooiste bladzijden over de liefde zoals zij haar steeds heeft nagestreefd : een evenwichtig en evenwaardig naast elkaar leven van man en vrouw met een wederzijdse eerbied voor elkaars vrijheid en mogelijkheden; een bevestiging van elkaars waarden die onvermijdelijk moet leiden tot wederzijdse waardering en oprechte samenwerking.

Alleen met dit doel voor ogen kan haar huwelijk met Leonard slagen en zij weet het wanneer zij in haar brieven aan Vanessa en andere vriendinnen haar verhouding met Leonard verklaart. Met dezelfde helderheid als Rachel spreekt zij van ''their personalities... complementary... their love and admiration for each other, based as it was upon a real understanding of the good qualities in each,... strong enough to withstand the major and the minor punishments of fortune''. Niet in het afstaan van hun persoonlijkheid maar in het aanvullen ligt de kracht. Zo verstevigt Terence (Leonard) zijn wetenschappelijk en literair talent, terwijl Rachel (Virginia) haar gevoelswereld diepte en breedte schenkt. Haar muzikaal (literair) talent krijgt een nieuw impuls en van daaruit rijpt een mystieke bezieling. Langs deze weg zoekt en vindt zij de diepste akkoorden van de menselijke ziel. In haar spel (romans en korte verhalen) tokkelt zij de fijnste snaren, die in zoete, bijna religieuze tonen haar sensuele en spirituele ontdekkingen weergeven. In de alledaagse menselijke handelingen, ontmoetingen en gesprekken, in het spel van de zon in de bomen of in het water, in het gekwetter van vogels of in het ruisen van een blad beleeft zij de vreemde kracht van het bovennatuurlijke. De sfeer waarin zij alles weet te plaatsen, heeft iets van kanten ajourwerk, broderie van ragfijne zijde of het ijle klokkenspel uit de Brugse halletoren. Men voelt bij het lezen van deze subtiele bladzijden dat hoe dieper zij doordringt in het wezen der dingen hoe verder zij komt te staan van alle oppervlakkige menselijke kleinzieligheid. En terwijl zij accuraat alle gesprekken volgt en zelfs leidt, zweeft haar ziel als 't ware in verleden en toekomst, in natuur of menselijk onderbewustzijn. Die splitsing duidt echter niet alleen op een enorme menselijke en artistieke begaafdheid maar ook op een schizofrene afwijking die haar soms op de rand van de krankzinnigheid brengt. Een dubbelleven dat dubbel eist en de zenuwen tot het uiterste tergt. Het is dan ook niet te verwonderen dat na zulke enorme doch uitputtende belevenissen een diepe depressie volgt, die zij met dezelfde helderheid van geest beleeft en weergeeft. De ziekte en dood van Rachel Vinrace in en rond haar worden door V.W. zo echt en diep getekend dat alleen iemand die zelf deze toestand gekend heeft deze ijle en luciede momenten van doodsstrijd op zo'n geraffineerd manier kan beschrijven. Zij registreert op een aangrijpende wijze ieder detail van haar zintuigelijke zwerftocht tussen leven en dood. Zij voelt hoe haar lichaam contact verliest met bloed en geest. De ruimte waarin zij rondtolt wordt immens en met verbetenheid zoekt zij naar steun. Helen's aanwezigheid en de zeldzame verschijningen van Terence blijven haar enig houvast. Maar zintuigelijk perspectief is gebroken en verstandelijk inzicht beneveld. Tevergeefs poogt zij een rechte lijn te trekken tot deze vaste punten. De kracht ontbreekt haar de heftige levensmomenten van haar liefde te verzoenen met de onmacht van de ziekte. En terwijl zij alle bindingen met haar omgeving voelt verzwakken, groeit deze dichter tot elkaar. In hun strijd om haar leven te redden, benaderen Helen, Terence en St John Hirst elkaar schroomvallig zelfs angstvallig om elkaar niet te kwetsen. Rond haar sterfbed weeft zij een net van intieme vriendschap en tedere solidariteit, die alleen in de sfeer

Virginia (rechts) met haar zuster Vanessa en haar halfzuster Stella Duckworth, in 1896.

Virginia (rechts)
en Vanessa in St.Ives, 1894.

Leonard en Virginia Woolf met hun ''Spaniel Flush''.

van de liefde kan worden geëvenaard. En zoals in die sfeer worden zij ook hier op zichzelf teruggeworpen en moet ieder op zichzelf, onafhankelijk, zijn eigen leed trotseren. Voor V.W. zijn zij de enige wegen die leiden naar een diep innerlijk bewust leven. En aangezien haar werk in hoofdzaak een spiritueel en zintuigelijk doorgronden is van het onderbewuste, speelt liefde en dood zulke enorme rol in haar leven en werk. Zij vormen het klankbord waartegen alle menselijke gevoelens resoneren en waardoor zin wordt gegeven aan oppervlakkige bedenkingen. Zij belichten verleden en toekomst van ieder personage en verrijken zo het heden, het levensmoment. Dit is de meer-dimensionele kracht van V.W.'s romans. In het licht van jeugd(liefde) en ouderdom (dood) ontwaart de mens zijn waarde en krijgt het leven een diepere betekenis. Daarom zijn haar werken geen weergeven van beleefde momenten, van reële gesprekken, maar het weven van een draad door het onderbewustzijn van ieder personage om langs deze weg verschijning en wezen te scheiden, te splitsen in twee gestalten : degene die leeft in het heden, gemeenschap en familie, noodzakelijk om de sprong in het onderbewuste te wagen, en degene die afdwaalt in natuur, verleden, herinnering of droom, de randgebieden van het reële-zijn, die nochtans het rijke wezen van de mens uitmaken. ,,The Voyage Out'' eindigt op een losbarsting van de natuurelementen. Het is alsof donder en bliksem de ziel van Rachel Vinrace ten hemel begeleiden. Zelden spreekt V.W. in zulke patetische bewoording over het verband tussen natuurlijke en bovennatuurlijke krachten. Samengedrongen in de eetzaal kijken de verlofgangers vol ontzetting en bewondering op naar het hemels spel van de natuurelementen als de apostels bij de hemelvaart van Christus. Zij spreken niet maar beseffen het ogenblik waarop het bovennatuurlijke zich meester maakt van de mens en hem de dood schenkt als bewijs van zijn liefde.

Night and Day (1919)

Waar V.W. in haar eerste roman een rechtstreekse confrontatie met haar milieu en tijd enigszins ontwijkt, duikt ze in haar tweede hals over kop in haar zo vertrouwd Londen van voor de eerste wereldoorlog. De teekransjes druppelen binnen met de regelmaat van een klok, de gesprekken fladderen van de Victoriaanse belletrie op de stijgende kreet voor vrouwenstemrecht, en de wandelingen kennen het familiale kader van West End tot Highgate, langs de Courts, Strand en river, van Bloomsbury tot Chelsea. Dit alles wekt een minder fascinerend doch een dieper en hechter indruk dan de exotische scenes van ,,The Voyage Out''. Niet alleen het kader maar ook de personages zowel in aantal als verschijning, dragen ertoe bij een reëler en compacter décor voor de intrige op te bouwen : een dubbele liefdesgeschiedenis die niettegenstaande het soms doorzichtige, spanning genoeg inhoudt om als roman tot het einde te boeien.

Katharine Hilbery, kleindochter van een beroemd 19de-eeuws dichter, gevangene van Cheyne Walk, een statig gastvrij Chelsea huis, prijkt als koninginnestuk op dit schaakbord. Rijkdom en familie laten haar ruimschoots de tijd om haar eigen leven uit te bouwen, dat in de schaduw van haar overgevoelige moeder een mathematische zin vertoont voor orde, rede en klaarheid. Deze heldere intuïtie die haar leidt tot de kern van het leven : ,,It's life that matters, nothing but life-the-process of discovering, the everlasting and perpetual process-'' ligt echter diep verborgen in haar dromerige blik en dichterlijke schoonheid, haar erfdeel. Zo verschijnt ze voor de buitenwereld als een sfinx, aantrekkelijk en onbereikbaar, voor haar zelf echter is deze gespletenheid het drama van haar leven : ,,that part of life which is conspicuously without order;... moods... wishes, degrees of liking or disliking,... that other part of life where thought constructs a destiny which is independent of human beings''. Op de wig van deze wegen blijft zij aarzelen. Zal zij haar leven in dienst stellen van de realiteit, een futuristisch probleem, waar zij haar eigen leven kan leiden zoals

Mary Datchet de feministische voorvechtster, of zal zij de dichteres worden die droomt ,,about things that didn't exist-the forest, the ocean beach, the leafy solitudes, the magnanimous hero?''.

In deze Woolfiaanse optiek groeit de roman uit tot een dialektische analyse van gevoelens, waarin de feiten slechts illustratie zijn, het decor een muzikale begeleiding en de overige personages de pionnen van het schaakbord die haar belegeren of verdedigen.

V.W. heeft in haar twee tegenspelers William Rodney en Ralph Denham een waardig toetsenbord getekend. Deze twee jonge, ambitieuse mannen dingen met hun ganse persoonlijkheid naar haar liefde. In W.R. ontdekt zij haar eigen familiebeeld : aristocratisch en romantisch. Maar heel vlug ontwaart zij dat ze niet geroepen is om de rol van muze te vervullen. Alhoewel het beeld dat zij aanvankelijk van de liefde had gedroomd ,,splendid was as the waters that drop with resounding thunder... and plunge downwards into the blue depth of night... drawing into it every drop of the force of life'' en de man ,,a magnanimous hero, riding a great horse by the shore of the sea'', ontwaakte zij vaak met het visioen dat mensen die zulke dromen koesteren ,,do the most prosaic things''. En hoe hoger W.R. haar op het voetstuk der verering stelt, hoe sterker bij haar de drang naar zelfstandigheid stijgt en hoe dieper de kloof tussen beide gaapt. Daarom grijpt ze met beide handen de vriendschap van de sarcastische en prozaïsche Ralph Denham. Zijn lagere afkomst en de zorg voor zijn familie hebben zijn geest een realistische en nuchtere tint gegeven die sterk contrasteert met het vage en omfloerste van W.R. Zijn wereld wordt voor haar het symbool van ,,the vast external world'', waarin zij haar volledige vrijheid kan bewaren, en die hij niet heeft vastgelegd in een gedicht maar in een meetkundige tekening, die ,,the entire universe'' uitbeeldt. Zolang beide hun eigen waarheid en onafhankelijkheid behouden blijft het schema gaaf. Wanneer echter de liefde en het grijnzend beeld van het huwelijk binnendringt, bevolkt het diagram zich met vlammende hoofden ,,idiotic symbol(s) of his most confused and emotional moments''. Liefde en huwelijk lijken een ziekte, een ravijn tussen ,,thought'' en ,,action'', ,,on one side of which the soul was active and in broad *day*light, on the other side of which was contemplative and dark as *night*''.

Maar de weg van de vriendschap leidt onvermijdelijk tot de liefde. Het donkerrode vuur laait op, sprankelt open ,,giving their life... its brightness''. Een diep geluk straalt uit hun ogen : ,,they were victors, masters of life... she brandished her happiness as if in salute''. Zij is een kind geworden dat gepassioneerd luistert naar hem en een vrouw die hem dankbaar aankijkt. Hij heeft haar verlost van de eenzaamheid. Voor het eerst beseft zij dat een woord een verblindend licht op het leven werpt. Het verheldert en verdiept het leven doch brengt tevens de stilte, de schaduw met zich mee. En op ogenblikken van helderziendheid volgt een donker pad van stilte en gedachte. En even vlug als het vuur van het licht en het woord opflakkert, valt bruusk de schaduw en stilte in. Terwijl zij elkaar in verrukking aankijken en aanspreken, rijzen de twijfels over hun zijn, die hun zekerheid, waarheid en liefde verdrijven... ,,dissipating... dissolving''.

In dit eeuwig getij van licht en schaduw, van gemeenschap en eenzaamheid eindigt het boek op een diep en persoonlijk aarzelen. Geen van beide is zeker dat hun liefde het licht zal brengen dat zij van het leven verwachten. De wegen van droom en werkelijkheid kruisen zich voortdurend. En wanneer het geluk het dichtsbij schijnt, gaapt plots een diepe afgrond van onbegrip. Toch blijft de deur op een kier en valt het licht nog steeds binnen ,,in soft golden grains upon the deep obscurity''.

V.W. blijft geloven dat er een weg is die haar naar de mensen zal leiden. Maar welke weg het zal zijn, dat is haar niet klaar; voor haar ligt zowel de weg van de werkelijkheid van het licht, van het sociale en politieke engagement als de weg van de droom, van de ziel, de stilte, en de filosofie open. ,,Jacob's Room'' is de eerste aarzelende stap in de richting van het laatste. Vanaf die roman zal zij de stroom van haar gedachten en gevoelens in een a-chronologische en a-logische waterval over haar laten uitstromen, en met een precieuze nauwgezetheid

36

weergeven. Zij weert de nauwkeurige en vlakke opbouw van de intrige en de stapsgewijze reconstructie van de karakters. Deze weg lijkt haar te vlak en strookt niet met het hart van de mens, de stad en de natuur. Dit hart is zo rijk geschakeerd en klopt zo snel dat ieder rationele of psychologische weergave een parodie is. Zij wil alleen enkele flitsende indrukken verwoorden waardoor zij een glimp opvangt van de essentie, een essentie die zowel de werkelijkheid als het metafysische omvat. Deze roman, gepubliceerd juist na de eerste wereldoorlog, verraadt haar eigen aarzelen op de drempel van de toekomst. In ,,The Voyage Out'' en ,,Kew Gardens'' verwierp zij de Victoriaanse roman en betrad de onontgonnen weg van het onderbewuste. De wereldoorlog zelf had haar echter met de actuele problematiek van Engeland en de vrouwenemancipatie geconfronteerd. Het was een moeilijke keuze voor haar. K. Mansflied, Strachey en andere predikten een ,,straightforwardness'', een innerlijke en uiterlijke ontmaskering van heden en verleden. Hun invloed was groot. Zij voelde als romancière zich verplicht haar obool bij te dragen voor meer democratisering en humanisering. Zij mocht de werkelijkheid van het dagelijkse leven niet ontvluchten. Haar engagement in de vrouwenbeweging en haar optreden in Bloomsbury waren van die aard geweest dat zij een diep geloof in de sociale en culturele vernieuwingen openbaarden.

Toch bleef haar geest rondwaren in de sfeer van het onderbewuste van haar gevoelswereld. Zij begreep dat de psychologische uitrafeling van karakters en de nauwkeurige observatie van de werkelijkheid slechts uiterlijke facetten waren van een dieper, verborgen bestaan. Om dit te ontginnen was een dieper peilen nodig. De gordijn rond mensen en feiten moest worden weggetrokken en muren van traditie geslopen en dan zou ze wellicht ongehinderd het terrein van de innerlijke mens kunnen betreden en van daaruit haar psychologische en sociale hervormingen doorvoeren. Een onbekende weg, die echter door zijn onbekendheid haar sterker aantrok.

JACOB'S ROOM (1922)

Jacob's Room is de eerste roman waarin V.W. haar gedachten en gevoelens de vrije loop laat. Voor het eerst breekt zij met de chronologische en logische constructie van de psychologische roman. In hoofdstuk twaalf drukt zij zelfs zeer klaar haar afkeer uit voor wat zij noemt : ,,character-drawing'' of ,,character-mongering''. Zij zal van nu af aan de voorkeur geven aan ,,hints'', waarmee zij alle richtingen uit kan : ,,this way or that'' en vrij kan ronddolen in mens, ruimte en tijd. Zij wil zich niet met ,,pins and needles'' vastkluisteren aan ,,victims' characters'' tot zij ,,swollen and tender as the livers of geese exposed to a hot fire'' of als ,,exquisite outlines enclosing vacancy'' een vervormd en zelfs vals beeld weergeven van wat in feite de mens is. Deze ,,frivolous fireside art'' ligt V.W. niet. Zij is niet meer die laat-Victoriaanse schrijfster die met vaste hand karakters en intriges opbouwt, die zelfverzekerd ieder wending van het lot richt en stuwt naar de katharsis. Haar twijfel aan eigen geest en kennis heeft ook een aarzelen verwekt in het ontleden en benaderen van andere mensen. Zij toetst nog alleen de mensen aan kleine dagelijkse ,,scraps of conversation'' of lukrake hoewel soms diepe mijmeringen, bedenkingen of gevoelens. Zo weeft zij rond een figuur een net van korte, blijkbaar onsamenhangende détails, gebeurtenissen, alledaagse opmerkingen en poëtische dromen die niet de pretentie hebben een wel-omlijnd beeld van het personage te geven maar toch de diepste roerselen van zijn wezen koel enregistreren.

Aan de kust van Cornwall brengt Betty Flanders met haar drie kinderen, van wie Jacob de oudste is, haar vakantie door. In haar brief aan Captain Barfoot klinken de hopeloze woorden na de dood van haar man Seabrook : ,,there was nothing for it but to leave''. Zij heeft Scarborough verlaten en 70 mijl verder aan zee rust en ontspanning gezocht. Doch terwijl zij de brief verzegelt, dwalen haar gedachten af naar Scarborough, Mrs Parvis, de dalhia's in haar tuin en de onmacht van de alleenstaande vrouw. Maar de kinderen vra-

gen haar volle aandacht. Archer op zoek naar Jacob wordt door de
schilder Steele tot bij de rots geleid waar Jacob opgeschrikt door ,,an
enormous man and woman'' zijn fel begeerde krab bijna ziet ont-
glippen. Dan rent hij naar zijn zwarte moeder onder de parasol en
scharrelt ondertussen een schedel mee. Op de terugweg zet ,,the
blazing sunset'' zee en water in vuur en vlam en ,,this astonishing
agitation and vitality of colour'' ontroert Betty, doet haar denken
aan verantwoordelijkheid en gevaar... en alle realiteit is vergeten. Zij
is echter gelukkig dat zij als vrouw ,,the blankness of mind, when
combined with profusion'' beter dan ieder man kan beleven en
genieten. Om tien uur is ,,the blazing sunset'' een orkaan geworden. Het huis ,,seemed full of gurgling and rushing'' en in de alles-
vernietigende regen ziet Mrs Flanders het visioen van haar dood :
,,lying on one's back one would have seen nothing but muddle and
confusion, clouds turning and turning, and something yellow-tinted
and sulphurous in the darkness''.

Terug in Scarborough wacht Betty Flanders ,,a widow in her
prime'' op de komst van Captain Barfoot, en als verontschuldiging
voor haar plots opwellende naieve vreugde roept zij beelden op van
dood, begrafenis en graf van haar man. Doch met een dode kan men
niet leven en daarom geeft zij zich volledig aan haar drie kinderen ;
zij trekt met hen door Dods Hill naar de Moors, die hier de aantrek-
kelijkheid van de zee vervangen ; naar het Aquarium en de kiosk.
Omwille van hen nam zij het huwelijksaanzoek van Rev. Mr Floyd
niet aan en met heimwee dringt zij de toekomst binnen : de dag
waarop Floyd vertrekt naar Sheffield en aan haar kinderen een ge-
schenk nalaat, de morgen van zijn benoeming tot Principal of Mares-
field House in de krant van Scarborough, toen de kat op sterven lag
en tenslotte als gepensioneerde te Hampstead, waar hij de eenden
van Ley of Mutton Pond voedt en in Picadilly Jacob ontmoet wanneer hij van Hyde Park terugkomt, Jacob niet durft aanspreken want
,,he was so tall, so unconscious, such a fine young fellow'', doch op
dit moment de geest van Jacob doorkruist ; een geest die in zijn

jeugd werd gevoed met lange, nachtelijke tochten door de Moors op zoek naar vogels en insekten, die hij in zijn kamer collectioneerde, en tot de avond voor zijn vertrek naar Cambridge (oct. 1906) de natuurvriend blijft, die zelfs het bezoek van de Captain mist... maar herinnert op zijn kamer. En nu, na deze romantische jeugd, ontmoet mrs Norman hem in de trein naar Cambridge. Zij poogt doorheen zijn slordig uitzicht ,,loose socks and shabby tie'' en blauwe ogen zijn dieper wezen te benaderen. Maar hij lijkt zo ,,youthful, indifferent, unconscious'' en toch zo ,,firm'', dat zij haar peilingen stopzet met de gedachte : ,,nobody sees anyone as he is'' en men mag slechts ,,hints'' volgen ,,not what exactly is said... or done''. En mrs Norman krijgt haar wenk wanneer Jacob schuchter haar dressing-case voor haar op het perron neerzet... doch zijn onhandigheid breekt alle romantiek ,,he was rather clumsy''... Ofwel heeft de lucht van Cambridge hem reeds in haar ,,mystical tendency'' opgenomen? een lucht ,,lighter, thinner more sparkling than the sky elsewhere'' en die haar subtiliteit weerspiegelt in de dienst van King's College chapel. Alle lichamelijkheid en dichtheid is verdwenen en klassieke schoonheid heeft zich van de studenten meester gemaakt, hoewel zware schoenen hen vast aan de grond nagelen. In ieder van hen ziet de lezer Jacob zelf, ,,the unconscious'' doch ,,clumsy'' jonge intellectueel, die opgaat in de hemelse sfeer van Cambridge maar terzelfdertijde het bos herinnert met zijn honderden insekten rond de lantaarn ,,senseless blindly tap (ping) for admittance'' om uiteen te spatten met een ,,terrifying volley of pistol-shots.'' En zoals de pad de insekten-harmonie verstoort, valt Jacob's blik en geest op enkele vrouwen in de kapel die de sereniteit van het mannelijk koor verbreken. Zijn mannelijke kuddegeest tekent hier scherp en klaar de discriminatie van de vrouw als een zonde in de dienst. Ongetwijfeld ligt hier de oude herinnering van V.W. aan de basis die zij jaren vroeger had aangevoeld, toen haar broer Thoby te Cambridge studeerde en waar zij schoorvoetend en zelfs met een heilige schroom colleges en kapellen bezocht. Een herinnering die zij later tot een poëtisch manifest zal uitwerken in haar essay ,,A Room of One's Own''.

Maar Cambridge is niet alleen deze subtiele lucht en klassieke koordiensten, maar ook de lunches bij de don, waar de undergraduates zich rot vervelen midden het hypokritisch gedoe van gastheer en gastvrouw en waarop Jacob steeds te laat komt en toch met meer liefde en zorg wordt omringd wat zijn haat steeds hoger doet oplaaien. Zijn geest vertolkt hier de stem van het revolutionaire Bloomsbury, dat de zelfzekerheid en zelfingenomenheid van de vorige generatie sterk hekelt. Hun ijzig-koele voorsteden, hun ,,places of discipline against a red and yellow flame (factories)'' zijn de bewijzen van hun materialistisch ingestelde geest, de produkten van een generatie die alles klaar en probleemloos formuleerde. Dan blijft er voor Jacob alleen nog de vlucht naar ,,the sea and the lighthouse, the moors and Byron, the sheep's jaw (his youth) with the yellow teeth'' waar men poogt te zijn wat men is. Dit vindt Jacob in de boot op de lange riviertochten waar hij naast Timmy Durrant te dromen ligt... van koeien en vlinders, starend in ,,the elastic air with its particles''... of op zijn kamer ,,the empty room'' waar de wind met de gordijnen speelt en de vele boeken : ,,Dickens, Elizabethan, Jane Austen, greek dictionaries...'' zoveel kleppen vormen waardoor de geest de afgesloten ruimte van de vier muren doorbreekt; waar hij steeds terugkeert na lange soms dorre, soms fijne gesprekken waarin ,,the soul itself slipped through the lips in silver disks which dissolve in young men's mind like silver, like moonlight'' of waarin ,,the language is (as) wine upon lips...'' Huxtable, Sapwith, Erasmus Cowan zijn allemaal priesters, die het licht van Cambridge over de wereld uitdragen.

En terwijl de meeste studenten lang uitgestrekt liggen lezen in de hall, doolt Jacob door de oude stad, volgt de lichten op de kamers en tracht gedachten en bewegingen binnenshuis te ontleden die hij meegedragen heeft uit gesprekken of discussies. Maar de ,,stroke of the clock'' is sterker dan dit alles en sleurt hem mee in het verleden, in een tijd waarvan hijzelf de ,,inheritor'' is en die in de oude gebouwen zijn heden vindt... ,,chapel, hall, library...'' en 's avonds zijn kamer ,,still, deep, like a pool'' vol intimiteit en waar alle beweging en taal overbodig is en de geest bedekt wordt met een ,,lustre of pearls'', een thuishaven waar hij steeds terugkeert. In al deze flitsen, sprongsgewijze mijmeringen, plotse opwellingen en schichtige bedenkingen heeft V.W. de studentenjaren van Jacob op haar eigen manier getekend. Een wijze die breekt met de logische en chronologische structuur van de pyschologische roman; die geen rekening houdt met intrige of evolutie, groei of spanning, maar het artistieke boven dit alles stelt. Haar groeiend schrijverstalent leeft zij uit — en hier voor het eerst — in het schrijvend ogenblik zelf, en wat de herinnering, de verbeelding of de gedachte oproept en artistiek in haar ontroert, stort zij neer in esthetische bewoording. Zo wordt ieder banaal feit of dagelijkse gebeurtenis gesublimeerd door het belevingsmoment, dat het onbewuste in haar tot schoonheid maakt. Op die manier ontstaat haar eigen verhouding tot de realiteit : zij schept en herschept die in functie van de kunst. De werkelijkheid leidt haar niet, dwingt haar niet zoals bij de klassieke romanschrijver een bepaalde lijn te volgen, maar wordt door haar stukgesneden, door elkaar geworpen, uit een ander gezichtshoek bekeken tot zij haar goed en schoon vindt voor haar artistieke weergave. Langs deze weg bereikt zij een poëtisch proza dat de realiteit concentreert tot poëzie in dienst van de werkelijkheid. Deze verdichting is geen romantische evasiedrang maar een intense benadering van de werkelijkheid die vooral in sferische details haar dichterlijke kracht vindt. Deze details hoewel zij een caleidoscopisch uitzicht bieden, vormen nochtans de vele schakels van een keten. Waar de klassieke structuur ontbreekt, heeft V.W. een nieuwe ontworpen die in concentrische cirkels, elipsvormige lijnen, parallellismen of wiskundige reeksen motieven, karakters, ideologieën en milieus opbouwt zodat bij het einde van het hoofdstuk of de roman een totale indruk wordt bekomen, die de lezer evenzeer bevredigt als in de klassieke roman.

Dit hoofdstuk is een prachtig voorbeeld van een caleidoscopische uitbeelding van Jacob's studentenjaren in Cambridge. De lezer ademt de geest van Cambridge, beleeft met Jacob dag en nacht en zonder enig prozaïsch commentaar of psychologische ontleding voelt de lezer hoe Jacob in Cambridge heeft geleefd, wat hij ervan heeft overgehouden en hoe hij er zijn karakter heeft gevormd. Zijn kamer is er het symbool van : de vlinder-collecties uit zijn jeugd zijn verdwenen voor de werken uit het verleden, eigen en klassiek, een hunker naar filosofie en jacht, waarin de ,,unconscious'' en ,,clumsy'' Jacob droomt en leeft. Wanneer wij hem dan terugvinden in het verlof op de overtocht naar Seilly Isles met Timmy Durrant (hfst. IV) worstelt de natuurvriend in hem met de intellectuele. De zee heeft hier de rol van Cambridge overgenomen : kleurrijk en aantrekkelijk wanneer hij haar van uit de boot aanschouwt maar gevaarlijk wanneer hij haar benadert. De sporen van zijn klassieke opvoeding kan hij niet uitwissen en midden de natuurbewondering sluipen klassieke reminiscenties en verlangens zijn geest binnen. De snob-mentaliteit van Bloomsbury heeft zich van hem meester gemaakt. Zal het ooit mogelijk zijn beiden te verzoenen of harmonisch uit te bouwen? Een probleem dat het ganse oeuvre van V.W. doorkruist en beheerst; een eeuwige wisselwerking weerspiegeld in V.W.'s verlangen naar de rust van de natuur in het landhuis doch steeds onderbroken door de drang naar Londen, de stad, het geestelijk gezelschap en werk...

En wijl Jacob in mijmeringen verzonken de straal van de vuurtoren volgt en luistert naar de golfslag tegen boot en rots, treedt ons mrs Pascoe rustig tegemoet. Dit procédé van wederzijdse benadering in hetzelfde tijdsbestek met een gelijktijdige visie van uit twee of meer standpunten, geeft de lezer een indruk van telepathie, helderziendheid en psychoanalyse. Geest en zintuigen kruisen elkaar terzelfdertijde en op dezelfde plaats en vervolledigen of intensifiëren het beeld of de sfeer van dit ene moment. Zo heeft de schrijfster de mogelijkheid hetzelfde landschap met parallelle of tegenstrijdige kleuren te schilderen en opinies of gevoelens door tegenstrijdige of aanvullende te nuanceren, te verhelderen of te contrasteren. V.W.

kan dan ook alleen door dit procédé een waaier van gevoelens uit-
strooien in enkele paragrafen, in enkele flarden conversatie of zelfs
in enkele woorden. Deze verdichtingskracht maakt de bladzijden-
lange beschrijvingen en ontledingen overbodig.

Rond mrs Durrant heeft V.W. een krans van sterren en meisjes
geplaatst in huis en tuin, en Jacob beleeft er zijn eerste liefde met
Clara. Zij plukt voor hem de druiven van het leven. Bucologische
taferelen meegedragen uit Vergilius, de dichter die hem zal begeleiden tot in het hart van Londen, en dit hart voelt kloppen in de voor-
bijgangers, in St. Paul's, in de metro of het Opera House. Deze
typografische aanwijzingen tekenen karakters en stad, tijd en
ruimte, sociale klassen en moraliteit : in de bussen verdwaasde
gezichten, de onpersoonlijkheid van een ,,homeless people'' door
de stad ,,destroyed''; de dagelijkse bedienden-rush van bureau naar
metro, de donkere geest van St Paul's... ,,a gloomy old place...
haunted by a ghost of white marble'' waar druppelsgewijze mannen,
vrouwen, en kinderen binnenslenteren; de oude vrouw die langs de
straten van Soho haar wild en aanlokkelijk lied zingt... Dit samen-
raapsel uit de sociaal lagere klassen 's avonds huiswaarts als pelgrims
of prostitués, onder de torens van de oude ,,sinful'' stad. Doch wanneer dit volk verdwenen is achter ,,the curtained windows'', verschijnt een andere klasse, een élite, die in het Opera House zijn glo-
rietijd herleeft : Tristan en Isolde, Wagner, ,,wit and beauty'', Wal-
pole and Queen Victoria. Maar zoals natuur en gemeenschap de
waarnemer Jacob gered hebben van de verstikking door ,,a system of
classification'', zo kent het teater zijn indeling van hoog tot laag :
,,stalls to gallery''.

Doch achter al deze sociale, morele en historische bedenkingen
staat in de eerste plaats de mens : Jacob in gesprek met Bonamy, zijn
goede vriend, op zijn kamer in Bloomsbury, die tot geen klasse
behoort, die zijn plaats niet vindt in het Opera House en alhoewel
,,distinguished looking'', de preutsheid en hypocrisie van zijn intellectuele wereld aanklaagt. Doch in de gedachten van C. Durrant

44

blijft hij de ,,unworldly'' uit het juli-tafereel van het vorige jaar. Na talrijke pogingen om zijn karakter te ontleden, besluit V.W. zelf met de woorden : ,,life is but a procession of shadows''. Wij hechten ons echter aan die schaduwen maar de tijd verdrijft hen zo vlug dat wij niets meer kunnen vasthouden. Haar onmacht, die tenslotte haar kracht is, klinkt ook in de gedachten van Jacob die zelfs aan de juistheid van ieder woord twijfelt : ,,even the exact words get the wrong accent on them''. Zo blijven wij — V.W. — Jacob — over alle dingen hangen als een ,,hawk-moth'', ,,vibrating''... : op de avond van de Guy Fawkes-day... om 11 uur... midden het studentenfeest, in de vlammen van het vreugdevuur... of op het banket waarop Jacob tot Griek wordt gekroond en zijn dromen de weg van de beschaving inslaan, die rondom hem ligt ,,like flowers ready for picking''. Maar dit Grieks ideaal verzinkt wanneer Florinda haar hand op zijn knie legt en hem in haar prinselijke dromen meetroont door het duister, de liefde, de stad, Soho naar zijn kamer, waar hij vaststelt dat alle beschaving niets betekent, van geen nut is en dat alleen ,,the way people look and laugh, and run up the steps of omnibusses'' het ware leven betekent. Doch het eeuwige dilemma is ,,unsoluble''. Zijn escapade met Florinda lost dan ook niets op en enkele dagen later op Durrant's party zit hij tussen artificiële bloemen, gesofistikeerde naamkaartjes en laat het ijdel gepraat van een ganse bourgeoisie aan hem voorbijdrijven; dit alles om Clara een ogenblik te zien of te spreken. Doch opgeslorpt in haar eigen gecapitonneerde wereld blijft zij onbereikbaar.. en ontgoocheld keert hij terug naar zijn kamer in het ,,busy'' Londen, waar alleen een brief van zijn moeder hem opwacht. Doch eerst bij het morgenmaal leest hij de brief uit Scarborough met het vertrouwde nieuws over mrs Jarvis, captain Barfoot en de moederlijke raadgevingen : ,,don't go with bad women... come back, my son, my son''... De brief was en blijft nog steeds het fascinerend middel tot communicatie, een mogelijkheid die reeds eeuwen wordt aangewend om dieper in het menselijk hart binnen te dringen. Leugen kan hij zijn even goed als boodschap, eer-

45

biedwaardig en toch nutteloos. Wie zal ooit zeggen of schrijven
,,what was in the mind?'' Want ,,the march that the mind keeps
beneath the windows of others is queer enough. Now distracted
by... here improvising... again snatching... Yet all the while having
for centre, for magnet, a young alone in his room''. Zo leidt de brief
de rusteloze Jacob door het leven en niemand kan hem volgen. De
straten van Londen ,,have their map; but our passions are uncharte-
red'' en zo ,,frequent as streetcorners in Holborn are these chasms in
the continuity of our ways''. De heterogeniteit van geest en leven,
de hiaten in onze kennis en de tekorten in onze taal laten geen
homogeen en globaal beeld toe van de werkelijkheid. Hoe dichter de
mens de realiteit benadert, hoe meer alles uiteen valt of in mist verzinkt. De auteur kan alleen feiten, dingen, licht en tijd opsommen
en naast elkaar plaatsen. Doch meestal blijft het verband zoek. Tussen tijd en ruimte, daad en gedachte, tussen de mensen onderling
ligt een duisternis die niemand kan verlichten. Daarom klampt de
schrijfster zich vast aan ,,lighthouses'' en ,,clocktowers'', de enige
bakens langs de duistere weg van het leven. En sterker nog dan in de
vorige hoofdstukken valt het negende uiteen in flarden : korte
bezoeken afgebroken door jachttaferelen en discussies met Bonamy.
Zelfs de wereld van miss Perry lijkt een ,,long white ribbon (wound)
round, round and round''. Deze circulaire beweging doet het rad
der beelden steeds vlugger draaien. In het British Museum zitten
,,many hundreds... at the spokes of a cartwheel''. Ieder van hen
draagt een wereld in zich en iedereen wil die wereld uitdragen. Doch
eenieder zit gevangen in zijn ,,compartment'', gescheiden en eenzaam alhoewel een brede koepel van geleerdheid hen allen bindt
,,binding into this density of thoughts, this conglomeration of
knowledge''; en wanneer Jacob het gebouw verlaat, kijkt hij met
weemoed en bewondering terug naar dit koele, klassieke gebouw dat
,,as bone lies cool over the visions and heat of the brain''. Zo is hij
zelf : een koele verschijning waarin een brein kookt, een geest die
het lichaam verlaat en alleen voortleeft, dwalend door Plato, Phae-

drus, Marlowe of Shakespeare... of zich op een party waant midden dichters en geliefden, en eenzaam op zijn kamer droomt... of zijn eigen kamer vult met vrienden terwijl hij alleen door de straten doolt tot hij ergens stilstaat en naar zijn eigen venster staart. Alles kolkt door elkaar als de branding van de zee waaruit geregeld een witte golf het zand inslaat en één ogenblik alles doordrenkt om even vlug weer opgeslorpt te worden in de deining van het water. In deze korte, heldere momenten fotografeert het oog van de schrijfster ieder beweging, elk detail. De film ontrolt zich met een flitsende raakheid op zoek naar het typische, het sferische. Doch wijl het oog spiedt, trekt een nevel door de geest die het beeld omfloerst, vervaagt en uitdooft om herop te rijzen in diepe gedachten of losse mijmeringen. Dit eeuwig getij ,,never constant'' als de liefde en de schoonheid trekt aan en stoot af. Zo beleeft Jacob met Fanny Elmers de geschiedenis van Tom Jones en blijft de vrouw voor hem een eeuwig lief doch gevaarlijk wezen; ,,they all have it; they all lose it. Now she is dull and thick as bacon; now transparent as a hanging glass''. Die onrust drijft hem weg uit Londen naar Griekenland. Daar hoopt hij rust en kalmte te vinden. Maar aan de voet van de Acropolis hunkert zijn hart naar het ,,airy'' Cambridge en ,,busy'' Londen.

Zijn eerste brief komt uit Parijs, waar hij enkele dagen het artistieke bohème leven beleeft en zoals Vanessa en Clive Bell de ziel van de frivole twintigerjaren in Parijs' Monmartre ontleedt. Scherp is dan ook het contrast tussen het koude, stugge Bloomsbury en het luchtige, speelse Parijs. Maar van dit alles schrijft hij niets in die brief aan zijn moeder. De post brengt haar in Scarborough, terwijl zij met mrs Parvis de jeugdwandelingen met haar kinderen herneemt langs kerk, moeras en kerkhof, slechts mijmeringen over dood en verleden... Tot de klok twaalf uur slaat...

Vergilius leidt Jacob door Italië, georgisch en bucolisch, tot Patras, waar hij in het oude en moderne Griekenland de ,,greek spirit'' zoekt, die voor Jacob alleen een illusie is of een produkt van zijn burgerlijke opvoeding. In zijn geest trekt hij de Griekse klassieken door

47

tot het moderne Engelse Imperium, waar alles ,,solid, unmovable''
maar ,,grotesque'' is. De Engelse beschaving is de zuiverste voortzet-
ting van de Griekse en ook de ondergang zal dezelfde zijn : ,,the
tragedy... of all high souls''. Voor hem zal de ondergang van Engeland zich voltrekken in de overbeschaafde, decadente geest van
Bloomsbury. Daarom vlucht hij naar het arcadische Olympië. Alleen
in die idyllische natuur vindt hij zichzelf terug. En in de onsterfe-
lijke schoonheid van de Acropolis ,,like a large immobile wave''
duikt hij onder om zich van alle westerse civilisatie te zuiveren; maar
op de brug tussen Oost en West — ,,Levantine, Turkish, Greek and
English'' — met zijn blik op de Piraeus haven rijst het angstjagende
beeld van het industriële en commerciële Londen, dat trilt van
leven, dat ,,drained the swamp and stood glass and stone upon it
and equipped our brains and bodies''. In dit cubistisch kader kan
Jacob met moeite en slechts gedeeltelijk de natuur terugvinden. In
Hyde Park staart hij dromend voor zich uit, gaat aan alle vrienden
voorbij die rond hem zwerven, zijn weg kruisen of aan hem denken.
Hij ziet hen niet meer en zijn kamer is leeg; alleen zijn oude schoenen staan er nog... en de klagende roep ,,Jacob, Jacob!'' die het
ganse boek doorgalmt, klinkt als de roep van een dode, een de pro-
fundis, een afscheid.

Op het einde van de roman kunnen wij ons de vraag stellen : wie
is Jacob? Wat betekent zijn kamer? Op de eerste vraag is het moeilijk een uiterlijk beeld van de hoofdpersonage op te hangen. V.W.
heeft hem steeds voorgesteld als ,,clumsy'' en ,,awkward'', een
onhandige, lompe jongen die niettegenstaande zijn stunteligheid en
loomheid, de genegenheid van zijn ganse omgeving wint. Zijn dromerige blik, zijn afwezige ,,airy'' houding omfloersen zijn ietwat
ruw uiterlijk. Het is ook V.W.'s bedoeling niet door een klaar en
raak getekende verschijning de innerlijke karaktertrekken van Jacob
weer te geven. Het psychologisch beeld blijft even vaag. Wij weten
niet of Jacob gierig, eerzuchtig, jaloers of egoïstisch is.V.W. voelt
aan dat zij niet bij machte is om dat aspekt van een ander mens te

Monk's House, het buitenverblijf van de Woolfs te Rodmell, waar Leonard en Virginia vele weekeinden en vakanties doorbrachten van 1919 tot aan haar dood in 1941.

The Lodge, het werkhuisje van Virginia, in de tuin van Monk's House.

Virginia's schrijftafel in Monk's House te Rodmell.

tekenen. Voor haar telt in de eerste plaats wat hij uit zijn jeugd heeft meegedragen. Hoe zijn studies en Cambridge, zijn reizen en omgang met andere studenten en professoren hem hebben verrijkt en wat Londen, Griekenland, het British Museum, Holborn en Soho in zijn ziel hebben gedropt om van hem een mens van 26 jaar te maken. En uit dit alles heeft V.W. de polsslag van Jacob laten slaan, zijn hart en gedachten laten tikken in kleine, soms banale details of in diepe filosofische of ideologische mijmeringen, doch steeds met een poëtisch accent, in de overtuiging dat het leven van een mens geen logische aaneenrijging van daden is met oorzaak en gevolg, maar een doorzichtige chaos van tegenstellingen en gelijkenissen, onuitgesproken gevoelens en onbedachte impressies. Een regen die voortdurend op de hersenen tikt en het hart verwarmt of verkilt. Een hart dat zoals een kamer zijn geheimen omsluit maar tevens uitzicht biedt op alles wat rondom gebeurt. Vanuit dit standpunt is de kamer van Jacob een symbool, waarvan wij slechts zelden een glimp opvangen door de ,,curtained windows'', maar van waaruit Jacob met scherpe blik zijn omgeving bespiedt. Of is die kamer slechts een utopie, waarnaar Jacob verlangt om alleen en zelfstandig te zijn? Een bastion met vier dikke muren waar niemand kan binnendringen ook de auteur niet? En waar zij — V.W. — zelf tevreden is de buitenzijde te tekenen en geen benaderen of indringen mogelijk acht.

Maar alhoewel zij nergens het mes van de analyse inplant, benadert zij op haar persoonlijke poëtische manier ieder facet van het leven. Ieder aanraking doet het levenloze leven, de natuur trillen, de stad ademen en de mens openklappen als een bloem, een boek waarin men alles kan lezen. Dit is de rijkdom van de kamer : transparent en open voor het oog van het begrijpend hart doch gesloten en ontoegankelijk voor de psycholoog.V.W. ziet alles met het innerlijk oog dat achter de uiterlijkheden de diepste roerselen van de ziel ontwaart... Een ziel die zij zo lief had doch nooit gekend heeft : de ziel van Thoby, haar gestorven broeder.

MRS DALLOWAY (1925)

Tegenover de losse, schetsmatige structuur van ,,Jacob's Room'' vertoont ,,Mrs Dalloway'' een meer gebonden en geconcentreerde lijn. De vluchtige indrukken van de onbekende waarnemer hebben vaster en concreter vorm gekregen in de geest van mrs Dalloway, Peter Walsh, Sally Seton, Septimus Warren en Rezia. De zwerftocht door de tijd duurt geen twintig jaar meer, maar 24 uur en het ruimtelijke perspectief van Londen, Oxford, van de Engelse kust tot in Griekenland is herleid tot een ,,street haunting'' van Bloomsbury tot de ,,Banks of the River''. Wat de roman aan breedte verloren heeft, wordt echter ruimschoots vergoed door psychologische en topografische diepte. De vluchtige toetsen-,,hints'' en broos-aan-elkaar-gerijde indrukken over Jacob vinden in de ziel van Clarissa Dalloway een rustige bezinking en brengen op die manier een klaarder en dieper beeld van de hoodfpersonage. Niet dat V.W. terugkeert naar de vroegere psychologische roman, maar het stramien van haar borduurwerk waarop zij het leven tekent is dichter. De grillige invallen waarmee zij de ,,airy'' houding van Jacob suggereerde, hebben plaats gemaakt voor een weloverwogen analyse van een levensblije vrouw, gelukkig indommelend in haar lieflijk verleden en als een ,,magician'' de dood, liefde en godsdienst verjaagt uit het heden om haar ziel te bewaren : ,,the privacy of the soul''.

Haar ziel is haar rijkdom en om deze in al haar aspekten te begrijpen, heeft V.W. een krans van personages rond haar geweven, die elk een facet van deze rijke diamant weerspiegelen. Door deze caleidoscopische blik die zij in haar dagboek omschrijft als ,,my tunnelling process... how I dig out beautiful caves behind my characters'' wint zij aan ,,humantiy, humour, depth''. En wanneer al deze blikken of tunnels elkaar ontmoeten in het heden, rijst voor ons Clarissa Dalloway : ,,there she is... It is Clarissa... purely feminine; with that extraordinary gift, that woman's gift, of making a world of her own wherever she happened to be''. zij is en in haar zijn is zij gelukkig, hoe broos dit geluk ook mag zijn. Zij beseft de waarde van het leven, de schoonheid van ieder moment en tast dit alles af met lichaam en ziel. Doch in deze subtiele ontvankelijkheid kiemt echter het gevaar en de vrees voor instorting die langs alle kanten dreigt. Miss Kilma met haar fanatiek sociaal-religieus engagement is ,,one of those spectres who stand astride us and suck up half our life-blood''. Zij is ,,this brutal monster'' dat zijn hoeven neerplant ,,in the depths of that leaf-encumbered forest, the soul''. Evenzeer beeft zij wanneer zij de naam van Lady Bruton leest in de telefoonagenda van haar echtgenoot en niet gevraagd wordt op het politiek diner. Zij vreest in het gezicht van Lady Bruton ,,the dwindling of life'' en voelt ,,herself suddenly shrivelled, aged, breastless.. like a nun withdrawing...''. Deze angst leven en ziel te verliezen zal zij honderd bladzijden lang pogen te onderdrukken door de heerlijke jeugd- en liefdesdromen te Bourton : Peter Walsh, de fantastische jeugdvriend, die juist vandaag na vijfentwintig jaar afwezigheid haar terug opzoekt en meedraagt in zijn gedachten door Londen; Sally Seton haar spontane, levenslustige jeugdvriendin — ,,was she in Love?'' — die niet uitgenodigd als moeder van vijf zonen op haar avondparty zal verschijnen. Zij maken haar allemaal gelukkig en zij vecht als een tijgerin om alles mooi en rein te houden. Geen wind mag dat leven beroeren, geen vouw mag dat kleed kreuken. Maar wanneer zij op haar prachtig avondparty het leven triomferend omarmt, slaat plots de dood toe, kruist de dood van Septimus Warren Smith haar leven. Zij die haar dood in de golven van de zee zag, voelt nu haar lichaam in hem branden. Zij die slechts eenmaal een shilling in de Serpentine had geworpen, haat de man Septimus die zijn leven door het venster wierp. Wat zocht hij in de dood? hij die niet wenste te sterven, want ,,life was good. The sun hot.'' Was de dood voor hem een ,,defiance''? ,,an attempt to communicate, people feeling the impossibility of reaching the centre which, mystically, evaded them?''. Is dan de dood de enige uitweg voor het leven? In beide figuren heeft V.W. zelf haar eigen spel met dood en leven

51

getekend, niet als een existentialistisch probleem maar als een realiteit. Wanneer zij leefde (schreef) danste zij op het scherp van het mes, daagde zij de dood — de ziekte — uit. Haar heerlijkste levensmomenten paalden juist aan de neurastenie en zonder die kon zij niet leven.

In haar roman heeft zij die dualiteit in haar gesplitst in twee figuren : de levenslustige, gelukkige Clarissa die in haar zwakste ogenblikken de brug slaat naar de ontredderde zenuwzieke Septimus Warren. Maar eens dat de klank hem bereikt heeft, weergalmt hij in al zijn hevigheid, verdwijnt de gelukkige Clarissa volledig en verschijnt de ziekte (dokter Holmes, later Bradshaw) ,,as a brute... with red nostrils'', en de dood (Evans-Thoby) als een wenkend visioen'' with black bubrushes and blue swallows... mountains, faces... and beauty''. En hij ligt op de rand van de wereld als een ,,drowned sailor'', als een vis buiten zijn element, voortdurend te sterven met de blik gericht op het mooie leven. Het leven dat irreëel is als zijn visioenen, dat slechts leeft in het kloppen van zijn hersenen. Niemand kent het bestaan ervan en wie wil binnendringen wordt een duivel met opengespalkte vuurmond. En toch leeft hij, Septimus, in hetzelfde Londen van Clarissa; hun wegen kruisen elkaar, zij bewonderen dezelfde geluiden, straten en parken, zij drummen aan elkaar voorbij op de drukke voetpaden, waar Peter Walsh de sirene hoort loeien, de ambulance ziet stilvallen en de mensen eerbiedig terugschrikken. Hij ontmaskert te midden van die moderne beschaving en in die lustige tijd van de Engelse twintigerjaren de dood. Hij heeft er alles van begrepen in Indië en dat is zijn ongeluk geweest, dat hem vernield heeft.

Zijn gevoeligheid veroorzaakt bij Clarissa een ,,horror of death'' en een krampachtig vasthouden aan het leven. Geen verval mag die gelukkige wereld binnendringen. Daarom tekent V.W. haar op de dag van haar avondparty; eerst ,,street haunting'' door het mooiste deel van Londen, midden een gelukkige menigte, dromend over dat heerlijk verleden ,,at Bourton'', haar liefde voor Peter Walsh en haar huwelijk met Richard. Vanaf die tijd behoorde zij tot de ,,high brows of London''. Zij camoufleerde zich in haar barokke interieur en leefde er als in een gouden kooi. En juist op die dag, waarop het hypocritische en puriteinse London doorheen haar salons dwarrelt, vernielt Peter Walsh met zijn ,,undoing'', miss Kilman met haar ,,religion'' en Bradshaw met zijn jonge man Septimus Warren ,,who had killed himself'' haar porceleinen speelgoedkast. En in de ogen van de oude buurvrouw, die haar begluurt, en in de ,,dusky sky... ashen pale'' voelt zij zich ,,somehow very like him... the young man who had killed himself. she felt glad that he had done it; thrown it away while they went on living.''

Voor het eerst heeft zij het leven ontmaskerd en de dood in haar leven toegelaten. Van nu af is zij ,,the magician'' die beide verzoent en de anderen vervult met ,,extraordinary excitement''. Niemand heeft het opgemerkt en beseft, maar van dit ogenblik heeft V.W. haar weg gevonden zoals zij in haar dagboeken schrijft : ,,I want to give the slipperiness of the soul... The truth is people scarcely care for each other. They have this insane instinct for life. But they never become attached to anything outside themselves.'' Door het begrijpen en aanvaarden van ,,death and insanity'' heeft zij de weg tot het leven en de andere mensen gevonden, wordt zij de band die de mensen onderling verbindt en dit brengt ook de eenheid en gebondenheid in de roman. Het caleidoscopische heeft plaatsgemaakt voor het concentrische dat zijn middelpunt heeft in de geest van Clarissa Dalloway en zijn uitwerking in mrs. Ramsay in ,,To the Lighthouse''.

To The Lighthouse (1927)

Toen V.W. in een plotse opwelling besliste ,,To The Lighthouse''
te schrijven rond de karakters van haar vader en moeder, St Yves en
haar jeugd, rezen voor haar twee schrikbeelden op. Een eerste vrees
bestond erin dat deze roman een herhaling zou worden van Mrs Dalloway en een tweede dat door het betrekken van ouders en jeugd in
het verhaal een te grote sentimentaliteit zou binnendringen en de
roman wellicht zou uitgroeien tot een langzaam uitgesponnen
karaktertekening als ,,Night and Day''.

De creatie van mrs Ramsay, de moederfiguur, - aanvankelijk ontworpen als antagonist tegenover de vader Mr Ramsay, maar later de
centrale figuur geworden - heeft reeds vanaf de eerste bladzijde die
vrees voor imitatie verdreven. Vanaf het begin contrasteert deze
figuur sterk met Cl. Dalloway, en zal naar het einde toe zelfs een
antipode worden. Alhoewel zij uiterlijk en in hun dagelijkse omgang
veel gelijkenissen vertonen : beide behoren tot dezelfde klasse, hebben dezelfde leeftijd bereikt, genieten van een gelukkkig maar koud
huwelijk en zijn allebei mooie produkten van hun tijd, verschillen
beide volledig. Mrs Dalloway is de concentrische, convergerende
figuur. Zij trekt de andere personages naar haar toe om haar in haar
isolement karakterieel te vervolledigen. In haar geest groeien de
opvattingen van de verschillende figuren tot een globaliteit die haar
breed en diep tekenen. Zij is het verzamelpunt van alle fragmenten
van de puzzle en zo is haar innerlijke blik het centrale thema van het
werk. Haar schoonheid ligt in de glans die de andere figuren op haar
uitstralen, zelfs haar angst voor de dood lijkt een bestraling van bui-
tenuit. Dit ontvankelijk karakter draagt ongetwijfeld een aantal
aspekten van het karakter van V.W. zelf. Als dichteres, als ontwik-
kelde en zelfstandige vrouw, als zintuigelijk en geestelijk overspan-
nen natuur kent zij die hevige introspectie die haar als koele, soms
hautaine vrouw doet verschijnen. Haar kinderloos huwelijk en zelfstandige houding tegenover haar man Leonard versterken dit nog.

54

Ook in haar dagboeken staat haar leven en de verdediging van de ,,privacy of her soul'' centraal. Zij heeft diezelfde ,,extraordinary gift'' als Clarissa Dalloway ,,of making a world of her own wherever she happened to be.'' Haar droom is steeds geweest : ,,a room of one's own''. Cl. D. ligt in de lijn van de vele vrouwenfiguren die V.W. tot dan toe in haar romans had uitgewerkt; mrs Ramsay breekt deze reeks af. Voor het eerst schept V.W. de echte moederfiguur die niettegenstaande zij de schoonheid en genialiteit bezit van de vorige figuren, geen ijdelheid, egocentrisme en zelfingenomenheid kent. Een eerste impuls om zulk karakter uit te beelden is ongetwijfeld uitgegaan van het feit dat V.W. voor het eerst haar moeder tot voorbeeld heeft genomen. Mrs Stephen vertoont in menig opzicht dit innemend en begrijpend karakter van mrs Ramsay. En wanneer wij rekening houden met de ontstellende indruk die haar dood op haar heeft nagelaten, moet het ons niet verwonderen met welke schroom zij het teder beeld van haar moeder benadert. Doorheen het ganse boek waait die poëtische, zachte en verzoenende geest die natuur en mens doordrenkt en ieder gedachte en mijmering omhult met een intense levensvreugde.

Reeds vanaf de eerste bladzijde strekt zij haar beschermende hand uit naar James, haar jongste kind om hem tegen zijn tirannieke vader te beschutten. Zij streelt met een moederlijke tederheid zijn haar en dromen, doch ondertussen bouwt zij een heerlijk beeld op van haar man. Zij alleen weet de schoonheid te ontdekken in die rationele geest. Zij leest zijn gedachten in zijn gezicht en weet door haar eenvoud en levensblijheid zijn ziel te ontroeren. Zij ziet hoe hij lijdt onder de haat van zijn kinderen en weet hoe hij hunkert naar hun sympatie : ,,It was sympathy he wanted, to be assured of his genius, first of all, and then to be taken within the circle of life.. he must have sympathy. He must be assured that he too lived in the heart of life''. Het klinkt als haar levensopdracht : ieder mens in het genot van haar leven te betrekken en vooral haar man die steeds en overal zijn motto : ,,we perished, all alone'', als een ballast meedraagt. Het is een moeilijke taak, het is haar strijd met het leven. Doch V.W. is ook Julia Stephen's dochter en bezit een groot deel van haar innerlijke kwaliteiten. Zij ook droomt van moederschap en kinderliefde. Zonder haar zelfstandigheid en persoonlijkheid prijs te geven, heeft zij een strenge en koele Leonard Woolf aan haar gebonden in een diep en echt huwelijksgeluk. Daarbij vond zij bij Vanessa die familiale geest van haar jeugd terug.

In 1927 — dertig jaar na de dood van haar moeder — kan zij dan tenslotte afrekenen met ouders en jeugd. Tot dan toe had V.W. meestal haar fictie laten leiden door de Bloomsbury vrienden of had zij alleen facetten van haar eigen karakter en leven met verbeelding aangevuld en tot roman-karakters omgewerkt. Nu komt de afrekening met het afscheid van die jeugd en de dood van haar moeder. Zo straalt die roman een therapeutische kracht uit. Gedurende het schrijven en herwerken heeft zij zich langzaam bevrijd van de angst van het leven. Getuigenissen uit haar dagboeken tonen een stijgende vreugde en levensblijheid aan.

Ieder gedachte van mrs Ramsay is een uitdaging aan het passieve leven, dat zij omschrijft als ,,terrible, hostile, and quick to pounce on you if you gave it a chance.'' Want het leven steekt vol eeuwige problemen : ,,suffering; death; the poor.''. Tegen dit leven trekt zij ten strijde; dit leven mag in haar niet binnendringen. Het ware leven moet een uitstraling zijn van eigen karakter op de anderen en geen beïnvloeding van buiten uit. Dit vergt een voortdurende waakzaamheid tegenover zichzelf om niet in een elegisch zelfbeklag te vervallen en met haar de wereld rondom. Zij lijkt verantwoordelijk voor de sfeer in het huis, met vrienden en bekenden. Wanneer zij faalt, stort deze ganse wereld in. Zij is de vuurtoren die de weg verlicht, zij is de geest die tussen tafels en stoelen van de eetkamer waart, zij is de liefde die iedereen bindt, ,,the intimacy itself, which is knowledge'', en alles begrijpt en alles oplost, ,,reading a fairy tale''. Dit is de weg naar het leven dat ook na haar dood — in het derde deel — blijft tussen allen : ,,the human relation''. Zij heeft Lily Briscoe

56

zelfstandig gemaakt, verlost van haar minderwaardigheid en de visionaire kracht geschonken om achter de werkelijkheid een andere en diepere dimensie te schilderen. Voor Charles Tansley en William Bankes, beide geleerde filosofen die echter het leven en het geluk van de familie ontberen, betekent zij de realiteit van iedere dag, een toetssteen voor de filosofische gedachte maar ook een dreigend gevaar voor de theoretische denker. Zo is haar leven, haar huwelijk en gezin een eeuwige uitdaging voor hen. Bankes staat voor haar ,,in contemplation... in rapture''. Zij behaagt hem en verwonderd vraagt hij zich af ,,why the sight of her reading a fairy tale to her boy had upon him precisely the same effect as the solution of a scientific problem''. En Lily Briscoe geeft hem het antwoord : ,,it was love.. distilled and filtered; love that never attempted to clutch its object; but, love like the love which mathematicians bear their symbols, or poets their phrases''.

In de visionaire voorstelling van Lily krijgt mrs Ramsay de vorm van een koepel, ,,the august shape of a dome''. En zoals zij de kunst van Lily Briscoe een nieuwe dimensie verleent, zo geeft zij het filosofisch denken van Tansley en Bankes een nieuw axioma : dat het dagelijks leven de eerste stap is naar het geluk. Deze eerste stap poogt mrs Ramsay te zetten in haar gezin. Daarom is in de eerste plaats een intens begrip nodig van de leden en ten tweede een enorme kracht om ze samen te brengen. Haar inspanningen om man en kinderen te begrijpen en te verzoenen, beheersen ieder handeling en gedachte. Zij kent de rationele koelheid van haar man en de sentimentele brooshheid van James. De bescherming van de ene lijkt een dwaasheid voor de andere. Wijl zij haar kind meetrekt in een toverland, ontcijfert zij pragmatisch de geest van haar man. Waar zij de ene zelfstandigheid bijbrengt, poogt zij goedheid en vriendelijkheid te leggen in het karakter van de andere. Zo verschijnt zij voor sommigen als de realistische huisvrouw, die voor alle dagelijkse problemen een oplossing weet, voor anderen een beeld van Griekse, ideale schoonheid en voor nog anderen een autoritaire zelfvoldane vrouw.

Zij zelf echter voelt dat zij ,,a sponge'' is ,,sopped full of human emotions'', dit betekent dat zij slechts datgene is wat de anderen van haar maken. Dit is echter bijzaak; hoofdzaak voor haar blijft wat zij van de anderen maakt, welk leven zij de anderen kan geven, nu en later.

Om daarin te slagen moet men eerst zichzelf zijn; een eigen leven van rust en begrip opbouwen. Dan eerst kan men over de dood heen het gezin blijven leiden en veilig thuis brengen aan de voet van de vuurtoren. Haar overwinning op dood en leven, het lijden en de strijd, beleeft in de tocht naar de vuurtoren een triomf in haar man en kinderen. Haar geest ontzenuwt de haat van de laatsten en opent het hart van de vader. Alleen Lily Briscoe als artistieke vrouw — en dubbelgangster van V.W. — kan dit begrijpen. Terwijl de familie in stilte, ieder met zijn gedachte bij mrs Ramsay, de reis aanvangt, bezingt zij haar als ,,that woman... (who) resolved everything into simplicity; made these angers, irritations fall off like old rags; she brought together this and that... like a work of art.'' Deze uitspraak is een nieuw fundament in V.W.'s kunst : het eenvoudige leven als basis van alle kunst. T.T.L. is de roman waarin de snob mentaliteit van Bloomsbury plaats heeft gemaakt voor een eenvoudiger, dieper en intenser levensgeluk : het geluk van het familiale leven dat beheerst wordt door de liefde, zee, natuur en de dagelijkse omgang met de dingen. De ontdekkingen van deze nieuwe waarden brengen een poëtische sfeer en een elegisch geluksgevoel in de roman. Zij verdrijven de egocentrische, koele milieu- en karakterontleding, en openen het domein van het visionaire dat achter het rationele ligt. De reële wereld van het onbewuste, het instinctieve heeft definitief zijn intocht gedaan. Alleen leven en kunst bepalen het ritme en de toon van het werk. Zij is een volwaardige schrijfster geworden die in eigen leven en kunst gelooft.

Orlando (1928)

De vriendschap met Vita Sackville-West heeft V.W. enkele van de mooiste jaren van haar leven bezorgd. Deze afstammelinge van het oude geslacht van de Sackvilles, dat sedert 1566 het prachtige slot Knole bewoonde en verscheidene illustere diplomaten in zijn rangen telde, droeg in zich de fierheid en schoonheid van haar voorouders.

Doch niet alleen deze ambitieuse karaktertrek zette Virginia aan haar tot hoofdpersonage te nemen, ook haar androgene zelfs sapfische levensvisie, die zij open en eerlijk bekende, was voor V.W. een openbaring en een stimulans. Voor de schuchtere Virginia, die op dit gebied steeds een grote discretie aan de dag legde, was de houding van Vita die van Orlando Furioso, de held uit het Renaissancistisch epos van L. Ariosto (1515), en waaruit enkele Vlaamse wandtapijten scenes uitbeeldden in ,,the Venetian Ambassador's Bedroom'' van het kasteel Knole.

Zowel het verhaal als de hoofdpersonage uit het epos barsten van fantasie, ironie en waanzin, liefde en avontuur, eergevoel en dapperheid; allemaal kenmerken die Vita in haar leven belichaamde en kwistig uitstrooide. En zoals Ariosto vermaak wilde schenken en zich Appolinisch wilde uitleven in een roes van zinnelijke schoonheid, zo wilde Virginia met een brede waaier van personages en een grootse ruimte zich ontspannen in een teugelloze verbeelding. Aldus betekende Orlando een escapade, een vlucht uit de tunnel die zij in ieder van haar romans had gegraven om de diepte van het menselijk wezen te ontleden. Wat Orlando echter aan diepte verliest of onontgonnen laat liggen, wint hij honderdvoudig terug in de wijdse ruimte en het enorm perspectief van tijd. Het avontuur brengt Orlando van de Thames tot Turkije en de fantasie overkoepelt drie eeuwen van Engelse literatuur en cultuur. Dit breed panoramisch scherm en dit vrij omspringen met de tijd, in tegenstelling tot de gebondenheid aan de klokslagen van Big Ben (van mrs Dalloway), geven de roman haar speels en luchtig, zelfs frivool karakter, wat voor vele critici en wellicht voor V.W. zelf voldoende was om Orlando een niet ernstig zelfs oppervlakkig boek te noemen. Deze oppervlakkigheid kan op twee manieren worden verklaard : ten eerste dat de roman gebaseerd is op uiterlijke feiten, anekdotes en gebeurtenissen, maar ten tweede dat de roman in haar zoeken naar het dieper wezen van een persoonlijkheid onbelangrijk is. Voeg daarbij nog de humor en fantasie, die het ganse werk doortintelt en niemand zal verwonderd zijn dat deze luchtige biografie ,,Orlando'' het meest gelezen en vreugdevolste werk geworden is van V. Woolf.

Dit betekent echter niet dat ,,Orlando'' een gemakkelijk en klassiek laat-Victoriaanse roman is. V.W. heeft weliswaar haar boren naar het innerlijk wezen van de hoofdfiguur enigszins verwaarloosd maar heeft daarentegen talrijke andere middelen aangewend om het boek het typisch Woolfiaans karakter te geven. Haar spel met tijd en ruimte, met het androgene karakter van Orlando, met de biografie en het historisch kader zijn elk op hun manier een aspekt van haar visie op de mens en zijn omgeving. Doch in tegenstelling tot de ernst waarmee zij haar dichterschap en levensroeping in haar introverte romans uitdrukte en zal uitdrukken, krijgt spel, fantasie en ironie de overhand in ,,Orlando''.

Van bij de aanvang van de roman laat zij haar meevoeren door de wonderlijke avonturen van Orlando Furioso in zijn strijd tegen de Arabieren. De jonge zeventienjarige Orlando-Sackville-droomt echter op de zolders van het kasteel Knole en duelleert er als een Don Quichote tegen windmolens met het afgehakte hoofd van een neger. Het vechterstemperament van zijn voorouders heeft plaats gemaakt voor een dromerige, dicherlijke natuur, die in de golvende vlakte rond Knole en onder de oude eik zijn verbeelding de vrije teugel laat. Dit is de held die de biograaf meesleept door de tuinen, de halls, de salons en werkplaatsen van het heerlijk slot. Bedwelmd door de sfeer verliest de biograaf alle zin voor exactheid en informatie en laat zich meedrijven in tijd en ruimte waar alleen het tikken van hart en geest als leidraad dient. Vanaf dit ogenblik maakt V.W.

60

de biograaf belachelijk. Wie kan immers een leven beschrijven, wanneer men weet dat een leven uit meer dan duizend facetten bestaat en een biograaf er hoogstens een tiental kan weergeven in een chronologisch en logisch opgebouwde kritiek? Dan maar een spel spelen met tijd, ruimte en sexualiteit.

Van Elisabeth I's jeugdige geliefde wordt Orlando haar ,,treasurer and Steward'' in navolging van Essex, doch enkele bladzijden verder is hij de romantische ridder die op de toegevroren Thames de Russische prinses met al zijn charmes het hof maakt onder de ogen van James I. En in zijn verbeelding ziet hij zichzelf reeds jagen in de uitgestrekte Russische steppen terwijl het zeventiendeeuwse Londen zijn pracht verleent aan het fantastisch ijsfeest op de rivier : een ongeëvenaard fresco van de Engelse maatschappij uit het begin van de zeventiende eeuw. Tot plots de ontgoocheling komt in de liefde en de inkeer en bezinning de rijpere Orlando tot studie en literatuur aanzet. Zijn vechtlust werkt hij nu uit op de Engelse taal om in een volmaakte Griekse stijl zijn tijdgenoten Browne en Greene te evenaren. Deze bladzijden zijn een prachtige copie of parodie van de pseudo-klassieke stijl. Vlug echter merkt Orlando het artificiële en dorre van deze onnatuurlijke levenswijze. Greene kan de rust en stilte van Knole niet verdragen en smacht naar het rumoerige Londen; Orlando daarentegen herontdekt de natuur en het gewone volk in het Arcadische Knole.

Dit kondigt reeds de dageraad aan van de preromantiek, die de koele verlichting met een nieuw gevoel zal verwarmen. Deze warmte zal Orlando zoeken in het verre Constantinopel, tussen de gipsy's, huwt er zelfs de danseres Rosina Pepita, om in de handen van ,,Purity, Chastity and Modesty'' — de hoofdfiguren van een laat middeleeuwse moraliteit — van sex te veranderen en naakt te ontwaken als vrouw.

Dit is nochtans geen plotse en totale metamorfose. In de vorige hoofdstukken heeft Orlando reeds herhaalde malen een indruk van tweeslachtigheid verwekt, waarin zelfs het vrouwelijke de toon aangaf, en na de gedaantewisseling besluit de schrijfster : ,,Orlando remained precisely as he had been.'' Orlando schrikt zelfs niet wanneer hij zijn sexuele verandering in de spiegel vaststelt. Dit is wellicht voor hem en ook voor V.W. en Vita S.-W. niet de essentie van het menselijk zijn. De identiteit is belangrijkerr dan de gedaante, en deze blijft onaangeroerd. Orlando behoudt zijn zin voor kleur en beweging, voor de eenvoudige, natuurlijke dingen en veracht zoals hij dit in de Elisabethaanse tijd deed de zucht naar roem, bekendheid of hoge administratieve functies. Alleen zijn verblijf in het romantische Byzantium tussen de zigeuners hebben de maat doen overlopen en van hem een vrouw gemaakt... met al de gevolgen van dien.

Eerst op de terugreis beseft Orlando ten volle wat de rol en functie is van de vrouw in de toenmalige Westerse maatschappij. Met afgrijzen somt zij de prerogatieven op van de man om te besluiten met de lakonieke opmerking : ,,All I can do, once I set foot on English soil, is to pour out tea and ask my lords how they like it.''.Daarom ontvlucht zij ook bij haar aankomst het nieuwe Londen met zijn drukke koffiehuizen, nieuwsjesjagers en gerechtelijke hervormingen om zich met haar verbeelding, liefde en poëzie in haar Knole op te sluiten. De stilte van het kasteel laat V.W. toe een diepe psychologische ontleding te maken van het androgene karakter van haar heldin. Het is voor haar de ideale gelegenheid om beide polen, de mannelijke en de vrouwelijke, van de mens tegenover elkaar te stellen, te verzoenen en tot de vaststelling te komen dat deze mens de rijkste ter wereld is. In die zin laat zij de heldin genieten van het achttiendeeuws rationalisme om haar geest te verrijken. Wanneer echter de negentiende eeuw en de Romantiek doorbreekt, ziet zij met een sombere blik de Victoriaanse tijd aanbreken. Niet alleen het klimaat wordt killer en kouder, maar ook de mensen en de sfeer waarin ze leven : ,,The sexes drew further and further apart. No open conversation was tolerated.''

Burgelijk fatsoen dwingt haar tot een huwelijk. En niettegenstaande de dromerige natuur en innerlijke goedheid van haar romantische M.B. Shalmerdine vreest zij haar persoonlijkheid en kracht tot schrijven te verliezen. Doch zoals in het huwelijk van Virginia en Vita is haar verbintenis geen rem op haar creativiteit, integendeel zij hoeft haar tijd niet te bevechten noch te ondergaan en daarom blijft zij haarzelf en :

> ,,she wrote, she wrote, she wrote'' :
> I am myself but a vile link
> amid life's weary chain,
> But I have spoken hallow'd words,
> Oh, do not say in vain !''

Zij vergeet zelfs de wereld rondom haar, dwaalt als een vreemde door het Victoriaanse Londen, wil zich met de burgerlijke geest en de wetenschappelijk revolutie niet verzoenen. Tevergeefs poogt zij zich vast te klampen aan de vorige perioden, waarin zij haar jeugddromen beleefd had. Maar ieder straat van London verrast haar met drukke winkels, lawaaierige voertuigen en massa's voortschuivende mensen en brengt haar terug naar de werkelijkheid. En de vloed van vernieuwingen drijft haar dromend doorheen de Edwardian Time tot zij op 11 oct. 1928 om 10 u. in de morgen door een explosie van de tijd wordt gewekt. Dit bewustzijnsmoment, deze plotse stilstand van tijd openbaart in een fractie van een seconde haar ware zijn, wie zij was gedurende drie eeuwen en wie zij nu is, waar zij staat en wat haar geest kan omvatten. Op dit ogenblik beseft zij hoeveel gedachten zij in haar brein en hoeveel mensen zij in haar geest kan bergen. Dit moment is voldoende om drie eeuwen kunst, gevoel en godsdienst in een roman neer te schrijven en een symbiose van een ganse cultuur en natuur weer te geven. De ,,stream of consciousness'' is ten einde en daarmee de roman. Haar resten nog de herinneringen in de donkere holte van haar achterhoofd. Doch deze omvatten juist de diepste passies van kunst en religie. In de smeltkroes van haar brein worden de essentiële momenten van het leven van alle bijkomstigheden gezuiverd. Nu voor het eerst beseft V.W. wat zij van drie eeuwen cultuur heeft overgehouden. Dit is ook het mysterie van de mens, zijn wereld en zijn schrift : de complexiteit. Dit alles in roman omzetten is haar zware levenstaak.

Terug in 1928 realiseert zij zich meer dan ooit het kloppen van de tijd in een moderne ritme. De auto, als symbool van de moderne techniek, jaagt haar uit Londen naar het vredige Knole. De indrukken die op haar afstormen uit openstaande huizen, voorbijrijdende trams en drukke winkelstraten rukken haar uiteen, versnipperen haar en brengen haar op de rand van het onbewuste, wellicht van de dood, waar alle draden van het leven tot een wrong, een golfslag ,,the waves'' worden verbonden. Eerst op de overgang tussen leven en dood kan de mens de ware diepte van zijn bestaan doorgronden. Uit deze bezinnnig is ,,The Waves'' ontsprongen, het meest cerebrale werk van V.W., waar personages slechts de bundeling zijn van tendenzen, mogelijkheden, temperament, bepaald door de dood van Percival. Hij leidt van uit zijn dood en trekt de draad door het leven van de zes personen. Ieder persoonlijke handeling krijgt dan ook een diepere, mystische dimensie in dat eschatologisch perspectief. Zo paalt haar meest vitalistisch werk ,,Orlando'' aan haar meest mortalistische : ,,The Waves'' ; beide tekenen de polen waartussen haar werk slingert : leven en dood.

Typisch huis op het Bloomsbury-plein, dat zijn naam gaf aan de groep.

Virginia ca 1925

en in 1940.

Virginia in haar dromerige houding tegenover een muurschildering van haar zuster Vanessa.

THE WAVES (1931)

Sprong de gedachte om ,,The Waves'' te schrijven als een bron in haar op, de verwoording kende een lange en moeizame uitwerking, die haar tot aan de rand van de uitputting bracht. Het enthousiasme waarmee zij deze ,,brave attempt'' inzette, werd herhaalde malen op de proef gesteld zodanig dat zij bij het beëindigen van het werk dacht dat deze roman de slechtste was die zij ooit had geschreven. Deze scherpe tegenstellingen van overgave en vertwijfeling vinden hun oorsprong in de natuur van en haar opvatting over de roman. Sedert ,,Jacob's Room'' was haar droom alle begrippen van tijd- en ruimte-gebondenheid, intrige en conventionele karaktertekening te weren, en haar stroom van gedachten, gevoelens, herinneringen, zintuigelijke indrukken en dromen als een wervelwind uit haar te laten vloeien en tot een eenheid te verwerken. Sindsdien was ieder roman een stap in die richting. Maar deze opvatting en natuurlijke ingesteldheid botste met haar zin voor het constructieve, haar rationeel inzicht en vooral met de klassieke conceptie dat de roman een verhaal moet zijn.

In de vorige romans heeft zij zich met een compromis verzoend; maar in ,,The Waves'' heeft zij haar droom gerealiseerd en deze gewaagde maar - ,,brave''-moedige stap gezet. Karakters en intrige, tijd en ruimte hebben uitgediend en nu begint het gevecht met het cerebrale, het ijle; het weven van de fijngesponnen draad doorheen het leven dat in honderde vezels uiteenvalt om terug opgebouwd te worden in een mystische, allesomvattende taal. Als enig uitgangspunt bleef haar eigen Ik en de raad zoals R.M. Rilke aan de dichter F.X. Kappers gaf : ,,In sich zu gehen und die Tiefen zu prüfen, in denen Ihr Leben entspringt; an seiner Quelle werden sie die Antwort finden'', zo restte haar niet anders dan ,,die Dinge Ihrer Umgebung, die Bilder Ihrer Träume und die Gegenstände Ihrer Erinnerung''in gebonden proza weer te geven.

In de tijdspanne van een dag — niet begeleid door de slagen van

Big Ben, maar door het spel van zon en schaduw in zee en natuur —
heeft zij het leven van zes personen, drie vrouwen en drie mannen,
in verscheidenheid en totaliteit in haar geest gevolgd en getekend.
Een poging om een zes-eenheid globaal en individueel weer te
geven. Zes facetten van haar karakter, ieder op zichzelf waarachtig
en volledig en in tegenstelling tot elkaar aanvullend tot een eenheid.
De enige weg om die complexiteit te beschrijven was de splitsing van
haar eigen persoon. Op die manier benaderde zij op de meest objec-
tieve wijze haar diepste kern. Van uit dit standpunt kon zij haar zelf
gade slaan met het oog van een vreemde en vervolledigen met haar
innerlijke blik. Tijd, milieu en intrige kon zij stileren en schematise-
ren tot begeleidende symbolen van leven, liefde en dood. Zij kon
eindelijk afrekenen met het en haar leven.

Zonsopgang wekt visuele en lichamelijke indrukken op, die bij
het ontluiken van de kinderlijke gewaarwordingen een diepe ver-
bondenheid met de natuur openbaren. Bij deze eerste contacten
openen zich reeds de verschillen in de karakters. Louis voelt zich de
stengel. Zijn wortels boren diep in de grond terwijl hij droomt van
de Nijl, en Jenny hem kust. Zij is het lichaam; zij leeft in de stad,
midden in de winkels, laat op de dansvloer, zelfstandig en aanbe-
den : ,,she seems to centre everything...''. In haar schaduw leeft
Rhoda met de droom - en doodsgedachte diep in haar. Schepen,
vuurtoren en golven beheersen haar verbeelding, begeleiden haar
naar verre landen of dreigen haar te verzwelgen. Zoals de bewogenheid van de zee Rhoda aantrekt en meesleurt, brengt de aarde aan
Susan haar vastheid en gebondenheid. Zij is de moeder ,,a hollow,
warm shelter for my child'', de vruchtbaarheid ,,that bestial and
beautiful passion'', één met de natuur en die in eenzaamheid haar
jongen werpt.

Samen vormen zij de diepe passies en subtiele gevoelens van
V.W.. Haar intellectualiteit en talent heeft zij gesplitst in Neville en
Bernard. De eerste, een vriendelijke Lytton Strachey ,,the stable
one'', die zijn weg droomt door het leven en twijfelt of hij dichter is

of realist, hopeloos verliefd op het leven, de daad : Percifal, ,,the monolithic'', Thoby Stephen? Al deze draden worden door de fabulerende kracht van Bernard samengerijgd tot één geheel : ,,we are not single, we are one''. Hij brengt in deze extase van gevoelens, in die roes van verbeelding en dreigende chaos van het vrije leven binding, evenwicht en maat.

Reeds in 1919 besefte V.W. toen zij haar eerste stappen zette in de richting van haar nieuwe roman ,,Jacob's Room'', welke gevaren haar bedreigden. Een eerste had zij opgemerkt in het werk van J. Joyce en D. Richardson : ,,the damned egotistical self''. Een tweede lag in haar natuur : zou zij de kracht bezitten om het hart, de passie, de humor ,,this loose, drifting material of life'' te bedwingen en te beheersen? ,,Am I sufficient mistress of my dialogue to net it there?...'' ,,Nor can one let the pen write without guidance...''. Slordigheid, wanorde en chaos zijn voor haar zowel de monsters van het leven als van de dood. De strijd voor de orde in de gedachten en gevoelens is terzeldertijd die van de waarheid tegen de leugen, van de mens tegen het onbekende. Vandaar haar onophoudelijk streven naar harmonie, eenheid tussen droom en werkelijkheid, realiteit en mystiek, zintuigelijkheid en metafysiek. Zij wist dat, wanneer zij de afbakeningen van tijd en ruimte zou overboord werpen, zij door de golven zou meegesleurd worden en dat haar enige overlevingskans zou zijn de veelheid tot eenheid te herleiden, de branding te temperen en de continuïteit te breken. Zo hoopte zij de volheid en waarheid van mens en leven weer te geven. De splitsing van haar wezen in zes personen, elk met zijn eigen gedachten en gevoelens, en toch fundamenteel één, heeft door stilering en individualisering de diepste indrukken gekoppeld aan de dagelijkse realiteit en het onderbewuste aan het bewuste. Op die manier bereikte zij wat zij beoogde : ,,to give the moment whole''; ,,what it includes. Say that the moment is a combination of thought; sensation; the voice of the sea.''

Om deze volheid te bereiken, moest zij inhoud en vorm van de roman uitdagen. Deze uitdaging culmineert in de lange eindmonoloog van Bernard. Alléén voor de spiegel in een klein hotelletje in Londen wil hij de betekenis van zijn leven verklaren. Niet in een vertelling van feiten, netjes gerangschikt naast elkaar en met een sterke draad aaneengerijd, maar in ,,the little language such as lovers use, broken words, inarticulate words, like the shuffling of feet on the pavement ''. De eerste voetstappen in deze taal zijn de zintuigelijke indrukken van de jeugd, zoals in het eerste deel, die hij — of zij, V.W. — als de bladzijden van een kinderboek doorbladert of als de simpele melodie van een kinderlied ,,a lullaby'' zingt. De eerste levensverkenning brengt echter aanstonds een vijand : de verscheidenheid, de onbereikbaarheid van de andere mens en zijn wereld; de eeuwige wisseling die ,,the actual event'' en de tijd uitschakelt; de golfslag van het leven dat iedereen verkennen moet maar terzelfdertijde ieder individu dreigt uit elkaar te jagen en onmogelijk in woord en tijd kan worden vastgelegd.

Waar de natuur hen nog allen verenigde in de kinderjaren, zullen de schooljaren hen uiteendrijven. De jongens worden bluffende mannen, hardnekkige ambtenaren of spitsvondige geleerden; de meisjes behaagzieke dames, dierlijke moeders of fantasierijke dromers. Hun wegen leiden naar alle uithoeken van Engeland. Slechts tweemaal zullen zij weer één worden. Een eerste maal bij het vertrek van Percifal naar India, een tweede maal bij zijn dood in Hampton Court. Rond deze beide ontmoetingen met leven en dood componeert V.W. de symfonie van het leven : ,,with its concord and discord, and its tune on top and its complicated bass beneath''. Beide bijeenkomsten zijn de leidmotieven : leven en dood. Zij houden elkaar in evenwicht. Telkens het leven lacht, loert de dood om de hoek en bij ieder dood, ,,the knowledge of limitations'' lijkt het leven onvermurwbaar.

Tegenover die stroom van leven die onvermijdelijk naar de dood leidt, klinkt de kreet : ,,let's explore!'' als de uitdaging : het onderzoek van het globale leven door de individuele geest; de botsing tussen het persoonlijk ervaren moment en de anonieme stroom van de tijd, die alleen in een verhaal kan worden verwoord. Doch welk verhaal? In welke vorm kan het tikken van de geest, de lichamelijke gevoelens, de beelden van de droom en de wereld van de alledaagse dingen logisch en leesbaar, prozaïsch en poëtisch worden uitgedrukt? Om een vorm, een taal en een stijl te vinden die dit alles seismografisch weergeeft, heeft V.W. jarenlang gestreden. Ieder bladzijde van haar dagboek verraadt haar streven naar een stijl, die het ritme van leven en taal verenigt, die de fluïditeit en continuïteit van het leven registreert : ,,away from facts : prose yet poetry; a novel and a play''. Zo sprak zij van ,,an abstract mystical eyeless book... a playpoem'', waarin naast muzikale leidmotieven een ballet in negen tableaus van dageraad tot avond, een spel van kleuren in wolken, zee en tuin verspreid liggen, niet als sierlijke intermezzo's maar als een achtergrond die zijn kracht ,,subconsciously'' uitstraalt op ieder wezen, op ieder moment van het leven; die de gevoeligheid en intelligentie een nieuwe dimensie geeft om dieper en voller de werkelijkheid te begrijpen, die de mystieke bindtekst wordt tussen het individu en de universaliteit. Zo heeft zij de gebondenheid van het individu aan tijd en ruimte doorbroken. ,,My life'' zegt Bernard ,,it is not one life that I look back upon; I am not one person; I am many people''. Hij kan zijn leven niet onderscheiden van de andere. ,,Am I all of them? Am I one and distinct? I do not kwow.. there is no division between me and them''. Deze overwinning op het individueel beleven is de laatste doorbraak van de persoonlijk beperking. Na de uitschakeling van de logische tijdsorde en het visuele ruimtebegrip is deze poging om de lichamelijke beleving te laten doorstromen in een algemeen menselijk aanvoelen de stap naar een humanistische mystiek; een mystiek waarin de mens centraal staat : ,,whom we have failed to be, but at the same time, cannot forget''. Deze totale mens van wie ieder van ons slechts een deel is, — een golf in de zee — , deze mens zonder identiteit, die wij ,,so feverish cherish'', tracht zij te reconstrueren. Zowel de ,,hairy, the ape-

69

like'', de wilde met zijn dierlijke agressiviteit als de dichter ,,unmeasurably receptive, holding everything, trembling with fullness'' vormt de stuwkracht van deze menselijke mystiek : daad en droom, ziel en lichaam.

En in de volheid van dit besef vindt V.W. de kracht om tijd, ruimte en dood te bestrijden, het onvergankelijke in haar wezen te erkennen en in ogenblikken van stilte en eenzaamheid ,,the pressure of the eye, the solicitation of the body, and all need of lies and phrases'' te verjagen. In deze gezegende momenten begrijpt zij ten volle het mens zijn. Zij brengen V.W. ogenblikken van enorme luciditeit, van een ondoorgrondelijk menselijk aanvoelen, één met de aarde en de geest. Haar bede : ,,let me sit here for ever with bare things'' omvat in laatste en eerste instantie ,,myself being myself''. Eén ogenblik zichzelf zijn betekent voor haar deel uitmaken van het totale zijn, een mystieke belevenis. Dit sluit echter niet in dat zij zich voor de wereld afsluit. Een nieuwe dageraad kondigt zich aan. De dag eist zijn daad, zijn strijd. Ook dit is een deel van haar mystiek. Zij voelt in haar een nieuwe wens, een verse kracht. En ieder daad, ieder lichaam draagt de dood met zich. Maar dan rijst de wilde, avontuurlijke Percifal in haar op en met de mysterieuze macht van de gestorven Percifal — Thoby ? — bindt zij de strijd aan met de dood, de ondergang, het niet-zijn ; de eeuwige vijand.

THE YEARS (1937)

Toen V.W. de laatste bladzijde van ,,The Waves'' geschreven had, heeft zij zich een kwartier neergezet ,,in a state of glory, and calm, and some tears, thinking of Thoby...''. Tevreden als de zaaier die bij valavond zijn werk nog even overschouwt en voldaan naar huis keert, heeft ook zij haar roman doorbladerd en vastgesteld dat het ,,the most concentrated work... but also the most interesting'' was die zij tot dan toe geschreven had. Het eerste boek in haar eigen stijl. Na de jarenlange spanning en onzekerheid klinken deze woorden uit haar dagboek als een innerlijke triomf. De weg die zij ingeslagen had in ,,Jacob's Room'' had zij zegevierend afgelegd. Zij stond op een nieuw kruispunt. Wat kon zij nog meer verlangen van de roman in deze introverte, metafysische richting? Voor haar bleven slechts twee mogelijkheden : de weg terug naar de realiteit of het doorbreken van de romanvorm en een boek scheppen waarin alle vormen van literatuur bevat liggen : ,,poem, reality, comedy, play; narrative, psychology all in one... Facts as well as the vision...''

De eerste dagboekaantekeningen verwijzen naar de eerste richting. Zij verheugde zich in een terugkeer naar de feiten. Haar eerste ontwerp van ,,The Years'' was een ,,essay-novel'', waarin zij alles ,,sex, education, life etc... From 1880 to here and now'' zou beschrijven. Een ontspanning zoals ,,Orlando'', een breed fresco van haar tijd en van de ,,utterly corrupt society''. Zij wilde haar zeilen breed uitzetten en in een vlotte en vrije stijl de gebeurtenissen op hun beloop laten. Was het een verpozing na al het lijden en de angsten van ,,The Waves'' of een antwoord op de kritieken van ,,Scrutiny'' die haar een gebrek aan engagement en realiteitszin aanwreven?

Tot 1933 leefde zij in deze euforie. De roman — toen nog ,,The Pargiters'' — vorderde snel en was voor haar ,,a delightful solid possession to be enjoyed''. Doch enkele maanden later weerklinken reeds klachten : ,,Too fluid... too free.. How am I to get the depth without becoming static?''. Voortdurend wordt zij gekweld door de vlotte oppervlakkigheid van de stroom der gebeurtenissen, en vreest een terugvallen in de oude epische vorm. Door haar brede, impressionistische tekening van de Victoriaanse maatschappij verliest zij haar greep op de mens en de materie. Geruime tijd aarzelt zij tussen de ,,external'' en ,,internal'', ,,the particular'' en ,,the general'', ,,the colloquial'' en ,,the lyrical'', ,,the facts'' en ,,the vision'', tot zij overtuigd van haar kracht een combinatie van beide extremen voorstelt en op die manier hoopt de volledige werkelijkheid, het absolute leven weer te geven.

Deze optimistische opvatting zal echter vlug plaats maken voor een nieuwe twijfel en zelfs een wanhopige strijd om beide te verzoenen. Einde 1934 is V.W. de ineenstorting nabij. Sterker dan ooit voelt zij de nutteloosheid aan van haar strijd. Hoe is het mogelijk voor haar dit uiterlijk beeld van de maatschappij aan te vullen met de diepten van het menselijk onderbewustzijn? Welke innerlijkheid kan zij bereiken in een vlotte en vloeiende stijl? Zij heeft beide aspekten afzonderlijk beheerst maar nu stelt zich het probleem beide in een geheel te verenigen. Meer en meer wordt zij ervan overtuigd dat het een kwestie van vorm, van constructie is : ,,It's not the writing but the architecting that strains''. Zij moet een stijl creëren die zoveel verschillende dimesies omvat als de lagen van de werkelijkheid. Haar concentratie en inspanning die haar op de rand van de ,,insanity'' brengen, leveren echter geen voldoende resultaten op. Zij voelt aan dat het contrast tussen ,,facts'' en ,,vision'' niet te overbruggen valt, dat zij het absolute leven niet omvatten kan en dat het boek een ,,failure'' is.

In dit perspectief gezien is ,,The Years'' geen terugkeer of overgang, maar een gewaagd experiment, een nieuwe stap in de romanliteratuur. Haar natuur was echter te zwak en wellicht te poëtisch om die zware last te torsen. De vloed van indrukken, ervaringen en feiten die haar brein binnenstroomt, is zo overstelpend dat hij geen onbewuste ontleding of lyrische beschouwing toelaat. De dichtheid van tijd en ruimte duldt geen visionaire variaties. Zij verstikt ieder droom, ieder zwerftocht in het onderbewuste. Ook hier stelt zich voor haar een nieuw dilemma : de realiteit in alledaagse incongruente fragmenten weergeven of een vlucht in een ,,dream story.. lying in the snow, about rings of colour; silence : and the solitude''. Een wens die zij reeds in 1937 uitdrukte en gedeeltelijk verwezenlijkte in haar laatste roman ,,Between the Acts''.

In tegenstelling tot ,,The Waves'' poogt V.W. in ,,The Years'' een sterkere eenheid, een vaster vorm en een steviger realistische lijn in te schakelen. De tijd legt zij vast in een serie tijdsbeelden tussen 1880 en 1937. De personages verenigt zij rond de naam Pargiter en de ruimte cirkelt rond Londen. De natuur, alhoewel zij dezelfde rol speelt als in ,,The Waves'', is in de roman verweven en bereikt daardoor niet meer dezelfde visionaire kracht. Door het integreren in het verhaal verliest zij ook haar sterke muzikaal-poëtische inslag. Hetzelfde geldt voor de verschillende karakters. Aan tijd, familie en ruimte gebonden, komen zij hechter en reëler voor, maar verliezen daarentegen hun tijd- en ruimteloos zwerven in het onderbewuste, droom en verbeelding, of natuur. Het strakke kader van de feiten, de familiale en sociale verhoudingen met plotse flitsen van een politieke achtergrond werpen een helder licht op de personages, zodat zij zich niet meer kunnen wagen in hun ivoren toren van introverte bedenkingen. En toch poogt ieder op zijn manier aan de greep van tijd en ruimte te ontsnappen. De oude kolonel Abel is de eerste die de band met vrouw en kinderen wil verbreken om in de achterbuurten de ware liefde te ontdekken. Zijn vrouw heeft zich gecamoufleerd in haar kamer en haar ziekte waar zij in eigen gedachten wegkwijnt. Eleanor, de binddraad tussen de oude en nieuwe generatie, verwijlt voortdurend in haar gesofistikeerde wereld. Zij is de spil waarrond de ganse familie draait : een dromerige, luie Delia; Rose, een koppige suffragette; de ambitieuse Morris en de stille geleerde Edward. Zij volgt hen allen tot Martin in Indië en bindt ze aan het vaderhuis tot aan de dood van de oude kolonel. Zij draagt de sfeer van de ,,Edwardian'' time in zich en in haar dagelijkse omgang en diepste gedachten beleeft zij wat diepte en menselijkheid aan de

roman geeft. Deze brede sfeerschilderingen botsen echter voortdurend met haar subtiele mijmeringen. Soms voelt men de aarzeling
bij het neerschrijven van de feiten. Zij vloeien te vlug en te vrij uit
haar pen en leiden naar een oppervlakkige, impressionistische weergave van intriges en botsingen. Zij dreigen haar terug te voeren naar
de broze, subtiele lijn van ,,Night and Day''. Daarom poogt zij
steeds de chronologische lijn te breken, de feiten uit hun verband te
rukken en het verhaal te herleiden tot kleine, onbenullige handelingen maar die als vertrekpunt moeten dienen voor haar onderbewuste
zwerftochten. Dan belandt zij terug in ,,The Waves''; laat haar
introverte natuur dobberen in heden, verleden en toekomst, doorheen het labyrint van Londense stadswijken of de seizoenen van het
Engelse landschap, waar zij ,,silence and solitude'' vindt, ,,the only
elements in which the mind is free''. Het is ook in deze uitzonderlijke momenten dat de geest zich splijt en verwijlen kan op verschillende niveaus en dimensies. Vooral in het laatste gedeelte ,,Present
Days'' benadert Eleanor de concentrische dromende kracht van Mrs
Dalloway en Ramsay. Maar waar de gedachten van de eerste worstelen met het geheim van dood en leven, van de tweede cirkelen rond
liefde en kunst, peilt Eleanor in het hier en nu naar een ander leven
,,fuller and fuller, with the past, the present and the future'' vol van
stilte en eenzaamheid, waarin de dageraad van een nieuwe wereld
van vrede, eenvoud en schoonheid opstijgt doorheen een lange,
duistere tunnel. Dit optimistisch ,,glorious end'' klinkt als een overwinning op dood en duisternis. ,,The Years'' is in dit opzicht een
vitalistisch werk. V.W. blijkt verlost van haar Victoriaanse opvoeding en laat in Eleanor haar innerlijke bevrijding weerklinken. Na de
afrekening met haar ouders in ,,To the Lighthouse'' is deze veroordeling van haar Victoriaanse opvoeding een afrekening met het
sociaal systeem dat haar tot dan toe steeds had vervolgd. Vele asociale en amorele aspekten van de Victoriaanse maatschappij die in
,,Three Guineas'' met de kritische geest vervolgd en vernietigd worden, heeft V.W. in ,,The Years'' met verbeelding en fantasie pogen

74

te verdrijven. De invloed van het essay, dat zij ook in 1938 beëindigde, is duidelijk. Beide werken zijn uit dezelfde bron opgestegen : een verlangen naar de rechten van het individu en de democratie. Dit eist zowel een humantisch en sociaal engagement als een eerbied voor het individu; een dualisme dat in beide werken scherp tot uiting komt en dat wellicht onbewust enerzijds de zuivere, kritische zin van het essay en anderzijds de ,,fiction'' van de roman verstoort.

Doch met het beeld van het nazisme en de dreigende wereldoorlog voor ogen, heeft V.W. het esthetische en literaire van beide werken iets verwaarloosd om zich te verlossen van die onheilspellende gedachte die haar tot aan het einde van haar leven zal obsederen. Van haar essay getuigt zij zelf in haar dagboek : ,,It has pressed and spurted out of me... like a physical volcano...'', en van ,,The Years'' : ,,the run of the events is too fluid and too free''. Zij kon geest noch verbeelding stuiten, vandaar het caleidoscopische van beide werken. De tijd drong; het schone, de kunst moest wijken voor de sociale en politieke noden van die tijd. Het boek moest af. Wat ook de critici over het werk schreven, of het ,,a failure'' was of wat ,,twilight gossip'', zij had veel nagedacht ,,and collected a little hoard of ideas ''.

En dit was voldoende om haar te troosten en het ,,a creative and a constructive book... my most human book'' te heten. Slechts wanneer de roeping als romancière in het gedrang komt, klinkt de ontgoocheling scherp door : ,,This shall be my last novel!''. Terwijl zij de brieven van G. Flaubert leest, voelt zij dat zij de kunst heeft te kort gedaan; droomt zij van een ,,story about the top of a mountain... an airy world...'', waar oorlog en dood geen vat op hebben. Het wordt haar laatste uitdaging; dood en duisternis hebben een naam gekregen : oorlog. ,,The killing machine.. a desperate illness''. In ,,Between the Acts'' neemt zij voor een laatste maal de wapens op... ,,in vain!...''.

BETWEEN THE ACTS (1941)

De bittere afrekening met ,,The Years'' in 1937 : ,,(I) never write a long book again'', betekende in werkelijkheid een verwerping van ,,facts, construction, external story..''. Het boek had haar op dit gebied uitgeput en het resultaat was ,,a failure (with) no life in it... and most inhuman.'' Daarom verdreef zij reeds in '36-'37 in haar dagboek de gedachte aan het werk en vluchtte in de wereld van de verbeelding. ,,Dream-poetry-silence and solitude'' zouden de draden van een spinneweb vormen, gesponnen rond ,,the unity and wholeness'' van de mens en het mensdom.

Dit subtiele maar gevaarlijke spel rond een uiterlijk onbenullige vertoning ,,the pageant'' en met enkele fladderende personages bood haar de prachtige gelegenheid om zonder enig engagement haar meest poëtisch en mystisch werk te schrijven : ,,Between the Acts''.

Zonder ambitie of pretentie had zij het werk aangekondigd als ,,dialogue; and poetry; and prose; all quite distinct... an airy world'' in het kader van een lieflijk Engels dorp-Rodmell- en tegen een achtergrond van ,,literature, discussed in connection with real incongruous living humour''. Deze luchtige opvatting, na de spanning van ,,The Years'', verklaart ook de gemakkelijkheid waarmee zij haar nieuwe roman schrijft en haar dagboek spreekt herhaaldelijk van tevredenheid en vreugde, terwijl zelden een zweem van spanning of mistroostigheid dit optimisme breekt.

Dit betekent echter niet dat deze speelsheid leidt tot oppervlakkigheid. Geen enkel roman van V.W. heeft een diepere symbolische, mythische en mystische bewogenheid gekend. In ieder dagelijkse handeling trilt een onuitgesproken gedachte, een onderdrukt gevoel of een diep verlangen. Vele dialogen of gedachten ontsluiten daarbij nog een psychische dimensie die zich alleen in het onderbewuste openbaart. In geen enkel werk heeft V.W. de psychoanalyse zo ver doorgedreven en de karaktertekening zo verwaarloosd. Alle

76

personages leven in hun onderbewustzijn, waar zij ofwel samenzwe-
ren op zoek naar ongekende levenspatronen of strijden tegen donkere, ongekende machten. Deze bezitten niet alleen een individuele
kracht doch ook een collectieve. In vele gevallen zijn zij de symbolen
van mythische archetypen, die zich associatief manifesteren bij verscheidene personen. Water, vis, kruis, zwaluwen, vlinders en zwa-
nen dragen in zich een tunnel naar iets dat in de werkelijkheid niet
kan worden voorgesteld maar diep in de mens een oerbeeld oproept
van geloof, zuiverheid, sexualiteit, liefde, vriendschap en eenheid.
Onder haar spel met het visuele, het muzikale of het literaire schuilt
een stilte, die een hunker naar vergetelheid inhoudt, de drempel van
een utopische, visionaire wereld vol goedheid, schoonheid en eenheid. Doch de wereld en de mens van 1939 was ver af van dit idyl-
lisch toekomstvisioen. In diezelfde hemel waar vlinders dwarrelen en
zwaluwen over de vlakte scheren, verbreken oorlogsvliegtuigen
voortdurend de droom, de stilte en het verlangen naar vrede en eenheid. En diep onder het zuiver water steekt de modder vol duisternis
en haat. En uit diezelfde diepte brengt de karper het geloof van zuiverheid aan de mensen. De spiegel die miss La Trobe haar publiek
voorhoudt, liegt niet... : ,,let's.. calmly consider ourselves... liars
most of us. Thieves too. The poor are as bad as the rich are ''. Wanneer zij de wereld van de fictie verlaat, valt zij onherroepelijk terug
op de muur van onze beschaving, die zonder toekomst onze mens
met zijn neus op een gesloten deur duwt. Tevergeefs poogt V.W. de
demonen uit de mens te verdrijven. Zij hebben de mensen in stukken — ,,scraps, fragments'' — gereten en geen kracht kan hen
opnieuw tot eenheid binden. De tijd is te sterk en beschaving,
wetenschap en techniek hebben de droom en verbeelding verjaagd
en waar ,,illusion fails'' daar is ,,death, darkness'' : geen hoop en
geloof meer in de toekomst.
    Nochtans zijn alle elementen aanwezig om een mooie wereld op
te bouwen : een rustige zomeravond in een landelijk dorpje; een
gelukkig gezelschap in een vriendelijk landhuis; familiaal geluk in

wederzijds begrip en hoffelijke bejegeningen. Ogenschijnlijk geen wolkje aan de hemel op de vooravond van het parochiaal feest. De weg ligt open om in de feeststemming familie en vrienden dichter bij elkaar en zelfs tot een harmonische eenheid te brengen. Doch gesprek noch spel bezit de kracht om hen te binden. Ieder dwaalt af in zijn eigen gevoels- of gedachtenwereld en volgt zijn droom, verbeelding of onderbewustzijn zonder zich om de anderen te bekommeren. Ieder graaft zijn eigen tunnel in verleden, heden of toekomst, vernietigt wat in de weg staat, voelt wat zijn passie voorschotelt en trekt rondom zich een muur op tegen de steeds terugbotsende werkelijkheid.

Vanaf de eerste bladzijde heeft Isa rond haar en Rupert Haines een cirkel van mysterie en liefde getrokken waarin mrs Swithin en later W. Dodge onbewust zullen binnentreden. Op hun beurt hebben vader en zoon Olliver zich gewapend met een mannelijke redelijkheid, koel en zelfzeker, ontoegankelijk voor poëzie en geloof. En alhoewel beide groepen antipoden zijn, trekken zij elkaar steeds opnieuw aan. Want naast de waarden van geloof en verbeelding erkent Isa deze van de wetenschap, het rationele en van de uiterlijke familiale liefde. Zij moeten het tegenwicht vormen voor een te sentimentele zelfs belachelijke levensopvatting. En wanneer vader Giles Olliver zijn zuster mrs Swithin, de zwaluw, tot het uiterste tergt in haar scrupuleus geloof, zal geen ,,argument, fact (or) truth'' haar genegenheid en liefde voor hem veranderen. Wat bloed en vlees eens verbonden heeft, kan niemand scheiden. Zij vullen elkaar aan als de twee schilderijen in de eetkamer : ,,the lady a picture... the man... an ancestor''. Als ,,vision'' en ,,reality'' elkaar aanvullen kan het huis stil worden, een schelp worden waar oude tijden in zingen of een vaas waarin het hart van een gezin openbloeit in stilte. Deze ogenblikken zijn echter zeldzaam en kort. Deze korte wapenstilstand en verzoening wordt telkens bruusk onderbroken door de verschijning van mrs Manresa met in haar kielzog W. Dodge. Zij vernielt de stilte door haar luidruchtigheid en spontaniteit. Voor Isa en

Lucy Swithin is zij ,,vulgar... over-sexed'', voor de zoon Barth Olliver ,,the breach of decorum, the fresh air...'', die hem jong en sterk maakt. In haar voelt Isa vanaf het eerste moment dat zij binnentreedt een vijand, een bedreiging voor haar echtgenoot Barth. Want zij bezit en speelt met een tweesnijdend zwaard : ,,the vision.. and the reason''. Zij kan uit haar modder opstijgen naar de geest wijl Isa te ,,maternal'' vaststeekt in haar ,,vision.. poetry... mystery ''. Zij lonkt naar meid en gastheer met dezelfde verleidelijkheid. Bij de eerste vindt zij de zieke verbeelding van de onvolwassene, bij Barth de zelfvoldaanheid van de beschaafde burger. Zij fladdert rond beide polen, en iedereen is verheugd om haar en volgt haar in haar androgene levensvisie. Waar verbeelding ontbreekt, brengt zij droom en fantasie ; waar poëzie de geest verlamt, brengt zij fierheid, jaloersheid en zelfs liefde. Maar intussen werpt zij het vuur van de tweedracht in het kamp. De oppervlakkige eenheid wordt nu openlijk gescheurd en beide kampen gaan zich in een stellinsgoorlog verschansen. Wellicht zal miss La Trobe met haar vertoning het pleit beslechten of beide nog dieper in hun egelstelling ingraven?

In deze laatste en toch centrale personage heeft V.W. een idealistisch aspect van haar eigen wezen gelegd : de roeping om als kunstenares ,,the unifier'' te worden van een verdeeld en verscheurd mensenras. Zoals V.W. bezit zij de kracht niet in haar, maar door de kunst en in 't bijzonder door het teater kan zij deze macht oproepen. Langs deze weg kan zij de mannelijke en vrouwelijke pool voorstellen en het resultaat van hun strijd aantonen : de volledige catastrofe van de beschaving. Verder reikt haar tweeslachtige kracht echter niet. Zij bezit de mystieke invloed niet van een Percival uit ,,The Waves''; zij staat achter de bedrijven, de handelingen, niet tussen de bedrijven ,,between the acts'' maar haar doel ligt in de bedrijven zelf, in de verschillende fasen van de Engelse geschiedenis.

Na de panegyriek op koningin Elisabeth I in wie zij haar eigen tweeslachtige natuur herkent, werpt zij haar toeschouwers afwisselend in het koele, nuchtere rationalisme van Queen Ann of in het druipend sentimentele van de preromantiek om te eindigen met de hypocritische Victoriaanse tijd, waarin gehoorzaamheid, zuiverheid en veiligheid de hoogste waarden zijn. In dit satirisch historisch overzicht heeft zij ruimschoots de gelegenheid de nadelen van een te rationele (mannelijke) of te sentimentele (vrouwelijke) maatschappij te hekelen. Ook in de discriminatie, de sociale wantoestanden en het valse puritanisme van de 19de eeuw ziet zij de oorzaken van onze verwrongen en gespleten beschaving. In de spiegel van het heden kan het publiek zijn eigen gezicht aanschouwen : ,,orts, scraps and fragments''... Uit deze resten is de muur van onze zogezegde beschaving opgetrokken en de bouwers hebben het gelaat van leugenaars en dieven. Haar bedoeling is klaar; zelfs Rev. Streatfield kan de werkelijkheid niet ontlopen. Zijn spiegel heeft dezelfde stukken weerkaatst. Zijn raadgeving : ,,surely we should unite?'' eindigt op een vraagteken en zijn woorden worden door een eskader vliegtuigen in stukken gereten. ,,Dispersed we are!''. En vruchteloos zoeken de toeschouwers naar een oplossing bij de klassieken, in de godsdienst of de wetenschap. Slechts enkele begrijpen de wreedheid van het spel : wij verwijlen in het voorgeborchte — de limbo — en de enige weg naar de redding loopt naar het innerlijke, het onbewuste, maar die weg is gedrenkt door sexualiteit, vreselijk maar onafwendbaar.

En juist deze sexualiteit is de oorzaak van de dualiteit in de mens. V.W. heeft deze dubbelzinnigheid uitgewerkt in het beeld van de karper. De zilverkleurige vis die in de modder huist en de duisternis als zijn woning heeft, laat op begenadigde ogenblikken zijn zuivere schoonheid en kracht bewonderen in het glashelder water. Alleen wie geloof heeft, kan deze opstijging volgen; wie de fakkel van de rede draagt, stikt in de modder. Beide werelden zijn onverzoenbaar in dit leven, alleen een dode — Thoby? — kan uit de diepten van de vijver oprijzen. De dood alleen kan beide visies verzoenen. Ook de Lesbische dichteres staat machteloos. Zij voelt zich een uitgestotene van haar eigen geslacht en een slaaf van haar publiek. Zij zoekt vergetelheid in de modder ,,the public-house'', en terwijl zij wegzinkt in het moeras van de banale realiteit rond haar en de groene wateren over haar vloeien, wordt de modder vruchtbaar en stijgen wonderbare woorden in haar op. In het aanschijn van de dood ziet zij de damp van de oorlog de wereld verduisteren en hoort zij het eerste woord, logos : symbool van de passieloze beschouwing, de intrede in het nirwana, ,,where another life might be born''. Alleen in dit rijk zal het doek opgaan en de mensen spreken. Hier echter blijven zij de eenzaten, de verdeelden, de verstrooiden, ,,How they are torn asunder!''.

Isa verwoordt en beleeft in het laatste hoofdstuk nogmaals de hopeloze verdeeldheid van de familie. Iedereen sluit zich af. Barth in de actualiteit van zijn dagblad, Giles in zijn zakenpapieren, Lucy in haar préhistorische wereld en tenslotte Isa zelf in haar verbeelding op zoek naar een ,,new plot'', een nieuw spel, want het vorige heeft geen vruchten afgeworpen. Zij wacht op de nacht, de duisternis, de dood. Zij grijpt terug naar de eerste mens in zijn grot. Techniek, wetenschap en beschaving hebben weliswaar het licht in de wereld geworpen, doch met het licht het vuur van de haat, twist en tweedracht. In dat licht is er geen plaats meer voor de mens met rede en gevoel. Hij moet wachten op de nacht, de dood. Dan eerst kan het doek opgaan en de mens spreken. Op die woorden eindigt de roman, op de drempel van het ogenblik waar V.W. de waarheid zal ontmoeten. Zo krijgen die laatste bladzijden de waarde van een testament, maar haar boodschap blijft onuitgesproken. De tijd was te duister en zonder toekomst en haar geest beleefde een diepe depressie. Zij was ervan overtuigd dat haar boodschap de mensen hier op aarde niet meer zou bereiken. Wat bleef er haar over dan zelf de dood op te zoeken? Haar zelfmoord is dan ook een daad van wanhoop en geloof: wanhoop om het onbereikbare van haar androgene levensvisie hier op aarde maar het geloof in de mystieke eenheid na de dood.

V.W., KRITIEKEN EN KORTE VERHALEN. TAAL EN STIJL.

Het beeld van V.W. als schrijfster en mens zou niet volledig zijn zonder de vele recensies, kritieken en korte verhalen die in een achttal bundels* werden gepubliceerd.

In de eerste plaats is het langs de kritiek dat zij tot de literatuur is gekomen. De eerste impuls kreeg zij van haar vader die zijn leven in dienst had gesteld van de biografische kritiek en schets. Vanaf 1902 komt daarbij de invloed van vrienden en verwanten die reeds vroeg haar scherpe geest en pen waardeerden en zelfs vreesden. Zo zond zij vanaf 1904 artikelen naar ,,The Women's Supplement'' van ,,The Guardian'' en tot het einde van haar leven heeft zij literaire recensies verzorgd voor ,,Times Literary Supplement.'' Deze oefeningen brachten haar enerzijds de overtuiging te kunnen schrijven en anderzijds de rust en de ontspanning die zij later bij het schrijven van haar romans nodig had.

Dit betekent echter niet dat zij kritiek als tweederangs literatuur beschouwde. Haar uitspraak : ,,Fiction before lunch and then essays after tea.'' verwijst wel naar het speelse, minder gespannen karakter van het essay, maar die verfrissende kracht was een noodzaak om haar scheppende kracht te stimuleren of te vernieuwen. Daarbij groeide bij V.W. de neiging om de verschillende genres dichter bij elkaar te brengen. Na ,,The Waves'' omschreef zij haar volgende roman ,,The Years'' als een ,,essay-novel'', waarin zij alles ,,sex, education, life etc...'' zou samenbundelen. Daarmee bedoelde zij

* Na haar dood werden haar meeste kritieken gebundeld en door Hogarth Press uitgegeven in :
- The Death of the Moth and Other Essays. 1942.
- A Haunted House and other Short Stories. 1943
- The Moment and Other Essays. 1947
- The Captain's Death and Other Essays. 1950
- Granite and Rainbow. 1958
- Contemporary Writers. 1965
- Collected Essays. 4 volumes, 1966-67
The Common Reader I verscheen reeds in 1925 en deel II in 1932.

de alledaagse gebeurtenissen van de toenmalige maatschappij (The Granite) en daarnaast ,,the submerged side'' (The Rainbow), het mysterieuse aspect van de maatschappij, meer bewogen, waarin een diepere waarheid stak die echter in een dromerige poëzie verzonken lag. De bundeling van beide zou de grondslag vormen voor haar essays en vooral haar biografische kritieken.

De meeste van haar kritieken vertrekken dan ook van uit een beleefde werkelijkheid, een diepe studie van of een identificatie met een auteur. Langs de persoon, zijn werk en tijd dringt zij door tot het hart der dingen. Niet langs de klassieke, officiële methode maar ,,swifter and lighter... more colloquial''. Haar doel is geen academische geleerde kritiek op te bouwen, maar de ontwikkelingsgang van een auteur of zijn werk op te sporen en erin haar eigen kleur en beweging te ontdekken. Zo wordt haar kritiek een aanvulling van haar creatief werk. In vele van haar biografische schetsen vindt men haar eigen karaktertrekken terug. Ook de thema's en problematiek weerspiegelen vaak de problemen waarmee zij worstelde : feminisme, onafhankelijkheid, kennisdrang en milieuconflicten. Dit brengt ook de bezieling en de geestdrift in haar kritieken, die zo dikwijls ontbreken bij de klassieke critici.

Naast Boswell, Johnson en Lockhart was Lytton Strachey haar lichtend voorbeeld. In haar ,,dear old serpent'' vond zij een tegenspeler die haar door zijn briljant werk fascineerde. Zijn ,,Elisabeth and Essex'' en ,,Victoria'' waren voor haar de toetsstenen voor de nieuwe kunst van de biografie. Maar trots haar bewondering en zelfs wat jaloersheid, spaart zij hem niet. In ,,Elisabeth and Essex'' hekelt zij de fantasie waarmee Strachey zijn figuren creëert en het gebrek aan waarachtige feiten. Zijn eigen creativiteit heeft het tekort aan echte gegevens aangevuld en dit strookt niet met de kunst van de biograaf. ,,The biographer is bound to facts'', en ook wanneer hij alle mogelijke, soms onbenullige gegevens noteert, moet hij de waarheid eerbiedigen. Een waarheid die wellicht door de interpretatie van een nieuwe generatie een ander licht zal werpen op de feiten en nieuwe helden zal scheppen maar toch altijd in overeenstemming met de werkelijkheid hoe diep en scherp die ook door onze moderne tijd wordt getekend. ,,We live in the time of cameras... hanging up looking glasses at odd corners'', van waaruit de biograaf met kikvors- of vogelperspectief zijn personen zal belichten en projekteren om uit de veelheid van zijn opnamen tot een rijker eenheid te komen: Dit vraagt vakkennis, ,,and his work is not a work of art, but something betwixt and between.''

Dit vakmanschap eist in de tweede plaats een grondige vakkennis. En zoals essay en roman verschillen, zo zal ook de taal ervan in twee delen uiteen vallen : ,,one for facts, one for fiction''. De eerste is nuttig, zij vertelt ons de waarheid en de ,,surface meaning''. Zij kan echter door conventionele tekens worden vervangen. De tweede kent ,,thousand possibilities''. Zij stroomt uit de menselijke geest en verraadt de gevoelens, gedachten, het milieu en karakter. Zij steekt vol echo's uit het verleden, associaties en symbolische krachten; te breed en diep om door een vakman bewerkt te worden. Daarom eist die taal meer dan vakmanschap. Zij kan in een schrijver gloeien, wild en vrij, onverantwoord en ongrijpbaar. Dan wordt de schrijver een worstelaar met woorden die als slangen aan hem kleven. Hij moet ze bedwingen en richten ,,in the right order''. Want onze geest vraag orde en ,,privacy'' en zo verlangt het woord. Die taal leeft door ons onderbewustzijn, kent dezelfde complexiteit : een dichterlijke geest moet zijn taal smeden om schoonheid te scheppen en de waarheid te zeggen. V.W. stelt de ideale romancier voor als een mengeling van Dickens, James en Proust. Daarom poogde zij de taal van deze drie te mengen. Bij Dickens vond zij de pure verteltrant, eenvoudig en sober, met de prikkel van de Engelse humor. James voegde de verbeelding aan de observatie, het mysterie, het detail en de suggestie aan het verhaal. Hij spant een spinneweb in het geweten van ieder personage, die ieder molecule, ieder vluchtige impressie van het leven opvangt en in een artistieke constructie weergeeft. Proust ,,le métaphysicien'' vertrekt van uit het ,,au delà'' en zoekt naar ,,un point fixe'' en ,,le temps perdu'' in het werkelijke leven. Liefde en lijden, ziekte en jeugd, filosofie en muziek zijn zoveel deuren die hem tot een telescopische weergave van de werkelijkheid brengen. Door dit paradijs dat hij met de wetenschappelijke geest van zijn vader en de intuïtie en smaak van zijn moeder heeft opgebouwd, ontdekt hij het archetype van ieder menselijke gedachte.

Deze cyclische beweging kenmerkt ook het werk van V.W. Ieder beschrijving van een detail of ontleding van een gedachte bloeit open in een lyrische ontboezeming die achter het detail of de gedachte de essentie van de werkelijkheid ontraadselt. Plots overschrijdt zij uur en afstand, de beperking van de realiteit en zweeft zij door de schepping op zoek naar het absolute. Haar korte verhalen ,,Mark on the Wall'' en ,,Kews Garden'' zijn getekend door dat plots invallend lyrisme, dat achter de realiteit van kleur, klank en vorm het mysterie van leven, liefde en dood ontdekt. Dan wordt de dichteres V.W. geboren en kent haar taal een poëtische ontplooiing die tot de zuiverste lyriek van de literatuur behoort. De zinnen krijgen een ritmisch, muzikaal accent, de woorden hun eenvoudigste maar diepste betekenis. Haar geest ,,can't remember a thing. Everything 's moving, falling, slipping, vanishing... There is a vast upheaval of matter''.

In die steeds maar opnieuw aanstormende golven van het leven, klampt zij zich met haar taal vast aan de dagelijkse realiteit om niet meegesleurd te worden in de donkere tunnel van haar innerlijk leven. Die vrees voor dat onbekende absolute en ambivalente van haar eigen wezen bond haar aan de werkelijkheid vast. Ieder wegzinken in de lyrische ontlading wordt op de voet gevolgd door de wekroep van haar geest die haar terugloodst naar de werkelijkheid. Zo blijft die wisselwerking de harmonie van haar taal, stijl en ook leven bepalen. Haar zoeken naar een nieuwe, artistieke vormgeving weerspiegelt een geest op zoek naar de ware werkelijkheid, een realiteit die zij op de rand van het leven waarneemt, een wereld van innerlijke onbeweeglijkheid van de mens aan het venster, in het verlaten huis of eenzaam op zee, die van sociaal, politiek en maatschappelijk geweld bevrijd is en alles poogt te verklaren in het perspectief van dood, liefde en leven.

In dit perspectief behoort V.W. niet tot een bepaalde tijd of plaats en is het heropleven van haar werken niet te danken aan een modeverschijnsel of de plotse groei van de vrouwenemancipatie. Maar zoals de metafysische dichter over de grenzen van tijd en ruimte de mens in zijn diepste zijn doorgrondt, verwoordt de romanschrijfster V.W. door de lyriek die achter verhaal ligt de innerlijke worsteling van ieder mens tegen de bovennatuurlijke krachten van het leven en hem vervolgen tot in de dood.

BIBLIOGRAFIE

The Voyage Out, London, Duckworth and Co., 1915.
The Mark on the Wall, Hogarth Press, Richmond, 1917.
Kew Gardens, Hogarth Press, 1919.
Night and Day, London, Duckworth and Co., 1919.
Monday or Tuesday, Hogarth Press, Richmond, 1921.
Jacob's Room, Hogarth Press, Richmond, 1922.
Mr Bennett and Mrs Brown, Hogarth Press, London, 1924.
The Common Reader, Hogarth Press, London, 1925.
Mrs Dalloway, Hogarth Press, London, 1925.
To the Lighthouse, Hogarth Press, London, 1927.
Orlando : A Biography, Hogarth Press, London, 1928.
A Room of one's Own, Hogarth Press, London, 1929.
On Being Ill, Hogarth Press, London, 1930.
The Waves, Hogarth Press, London, 1931.
A Letter to a young Poet, Hogarth Press, London, 1932.
The Common Reader : Second series, Hogarth Press, London, 1932.
Flush : A Biography, Hogarth Press, London, 1933.
Walter Sickert : A Conversation, Hogarth Press, London, 1934.
The Years, Hogarth Press, London, 1937.
Three Guineas, Hogarth Press, London, 1938.
Reviewing, Hogarth Press, 1939.
Roger Fry : A Biography, Hogarth Press, London, 1940.
Between The Acts, Hogarth Press, London, 1941.

Na haar dood verschenen naast een vijftal bundels korte verhalen en kritieken, vermeld op bladzijde 82 :

A. Writer's Diary : Being Extracts from the diary of Virginia Woolf, ed. Leonard Woolf, Hogarth Press, London, 1953.
Virginia Woolf and Lytton Strachey : Letters, ed. by Leonard Woolf and James Strachey, Clatto and Windus, London, 1956.
Nurse Lugton's Golden Thimble, Hogarth Press, 1966.
Mrs Dalloway's Party. A short story sequence, ed. Stella Mc Nichol, Hogarth Press, 1973.
Freshwater : A Comedy. Ed. Lucio P. Ruotolo. New York and London : Harcourt Brace Jovanovich, 1976. Voor het eerst opgevoerd in 1935.

Moments of Being, Unpublished Autobiographical Writings. Ed. Jeanne
Schulkind. Chatto and Windus, 1976.
Virginia Woolf, Books and Portraits. Ed. by Mary Lyon. Harcourt Brace
Jovanovich, 1977.
Virginia Woolf, The Pargiters. The Novel-Essay Portion of the Years.
Ed. Mitchell A. Leaska. New York : The New York Public Library and
Readex Books, 1977.
Virignia Woolf, Women and Writing, introduced by Michèle Barrett. The
Women's Press Ltd, 1979.

Sedert 1975 verschijnen bij The Hogarth Press de brieven van V.W. in zes
delen waarvan vier reeds verschenen zijn :
Vol.I. Flight of the Mind 1888-1912
    The letters of V.W. ed. by Nigel Nicolson ; assistant editor Joanne Traut-
    mann, The Hogarth Press, 1975.
Vol.II.The Question of Things Happening, The letters of V.W. 1912-1922
    The Hogarth Press, 1976.
Vol.III.A Change of Perspective, The letters of V.W. 1923-1928.
    The Hogarth Press, 1978.
Vol.IV.A Reflection of the other Person, The letters of V.W. 1929-1931.
    The Hogarth Press, 1979.

Sedert 1977 verschijnen ook de volledige dagboeken (diaries) van V.W.
met inleiding en verklaring van Anne Olivier Bell. Van de vijf delen zijn er
reeds drie verschenen :
Vol.I.1915-1919, Introduced by Anne Olivier Bell, The Hogarth Press Lon-
don, 1977.
Vol.II.1920-1924, The Hogarth Press, London, 1978.
Vol.III.1925-1931, The Hogarth Press, London, 1979.
B.J. Kirkpatrick geeft in ,,A Bibliography of V.W.'' London, Hart-Davies,
1957, een opsomming van alle werken van en over V.W. tot dan toe ver-
schenen.
    Second Edition, Revised. Oxford University Press, 1968.
Robin Majumdar publiceerde in 1976 ,,V.W. an annotated Bibliography of
Criticism 1915-1974''. Garland Publishing Inc. New York and London.
De belangstelling voor V.W. in Nederland neemt de laatste tijd sterk toe.
Naast de vroegere vertalingen van :
Mrs Dalloway, vertaald door N. Brunt, G.A. van Oorschot, A'dam 1948
Een kamer voor Jezelf, vertaald door C.E. Van der Waals-Nachenuis, G.A.
van Oorschot, A'dam 1958.

verschenen onlangs :

Orlando : biografie, vertaald uit het Engels door Gerardine Franken; nawoord James Naremore, De Bezige Bij, 1976.
V.W. Schrijversdagboek 1918-1932 : 1933-1941. Vertaald uit het Engels, nawoord en aantekeningen van Joop van Helmond, A'dam : Arbeiderspers 1978.
En een nieuwe uitgave van Mrs. Dalloway, vertaald door Nini Brunt, De Bezige Bij A'dam, 1980.

LITERATUUR

Een gedetailleerde en sprankelende biografie verscheen in 1972 van Quentin Bell, zoon van Vanessa Stephen en Clive Bell, onder de titel : Virginia Woolf, A Biography.
Vol.I. Virginia Stephen, 1882-1912.
Vol.2. Virginia Woolf, 1912-1941.
The Hogarth Press Ltd. 1972.
Vooraf hadden wij reeds biografische schetsen van :
Blackstone Bernard, V. Woolf, Longman Green and Co., London, 1952.
Pippet Aileen, The Moth and the Star : A Biography of V.W., Boston Little, Brown, 1955.
Nathan Monique, V.W. par elle même, Editions du Seuil, Paris, 1956.

In 1973 schreef Claudine Jardin een klare en overzichtelijke biografie :
V.W., Trois ou quatre Choses que je sais d'elle, Librairie Hachette, 1973.
Hetzelfde jaar verscheen een levensschets van Manly Johnson : V.W. New York, Frederick Ungar, 1973.

Na haar dood en vooral na 1975 is een vloed van kritische werken verschenen over haar literair oeuvre, haar visie op de roman, haar feminisme, levensopvatting, taal en stijl. Hier volgen enkele van de belangrijkste :
Daiches David, Virginia Woolf, New Directions, Norfolk, Conn. 1942.
Chambers R.L., The Novels of V.W. London : Oliver and Boyd, 1947.
Bennett Joan : V. Woolf. Her Art as a Novelist. New York : Harcourt Brace 1945, Cambridge 1945.
Rantaavara Irma, V.W. and Bloomsbury. Helsinki : Annales Academiae Fennica, 1953.
Hafley James : V.W. as Novelist. Berkeley, California, 1954. New York : Russell and Russell, 1954.

Guiguet Jean : V.W. et son Oeuvre, l'Art et la Quête du Réel, Didier, Paris, 1962.

Thakur N.C. : The Symbolism of V.W., London : Oxford University Press, 1965.

Woordring Carl : V. Woolf. New York and London, Columbia University Press, 1966.

Love, Jean O., Worlds in Consciousness : Mythopoetic Thought in the Novels of V.W. Berkeley, University of California Press, 1970.

Richter Harvena. V.Woolf : The Inward Voyage. Princeton University Press, 1970.

Russell Noble Joan : Recollections of Virginia Woolf. Peter Owen. London, 1972.

Toppin Bazin Nancy : V. Woolf and the Androgynous Vision, Rutgers University, 1973.

Naremore James : The World without a Self : V.W. and the Novel, Yale University Press, 1973.

Van Buren Kelly Alice : The Novels of V.W. : Fact and Vision, University of Chicago Press, 1973.

Mc Laurin Allen : V. Woolf : The Echoes Enslaved. Cambridge : Cambridge University Press, 1973.

Lehmann John, V.W. and Her World : New York : Harcourt Brace Jovanovich, 1976.

Lee Hermione : The Novels of Virginia Woolf, Methuen and Co Ltd. London, 1977.

Leaska L. Mitchell, The Novels of V.W., From Beginning to End. London, Weidenfeld and Nicolson, 1977.

Rubinow Gossky Susan : V.Woolf, Twayne Publishers, Boston, 1978.

Poole Roger : The Unknown Virginia Woolf : Cambridge University Press, 1978.

Phyllis Rose : Woman of Letters. A life of Virginia Woolf, London, Routledge and Kegan Paul, 1978.

Rosenthal Michael : Virginia Woolf : Routledge and Kegan Paul Ltd. 1979.

After T.E. : V.Woolf. A Study of Her Novels. London, MacMillan, 1979.

Uit de vele artikels gewijd aan werk en leven van V.W., de twee merkwaardigste bundels :

Het tijdschrift : ,,V.W. Miscellany'' (Sonoma State College, Rohnert Park, California, 1973) brengt verslag over de ontwikkeling in de kritiek op leven en werk van V.W.

,,V.Woolf Quarterly'' Vol.I. No 1 (Fall 1972) literair onderzoek en inter-
pretatie van het werk van V.W. in relatie tot de Bloomsbury groep.
Als aanvulling bij de dagboeken van V.W. zijn de drie autobiografische
werken van haar man Leonard Woolf interessant en aangenaam om lezen.
Beginning Again : An Autobiography of the Years 1911-1918. New York :
   Harcourt, Brace and World, 1964.
Downhill All the Way : An Autobiography of the Years 1919-1939. Lon-
   don; Hogarth, 1967.
The Journey Not the Arrival Matters : An Autobiography of the Years
1939-1969. New York : Harcourt, Brace and World, 1969.

INHOUD

In de serie GROTE ONTMOETINGEN
verschenen volgende literaire monografieën

De serie wordt voortgezet

Gedrukt op de persen
van drukkerij De Windroos te Beernem
in opdracht van de
uitgeverij Orion te Brugge

D/1980/0041/58